師資培育中的——

多元文化教育之研究

陳憶芬　著

序

　　多元文化教育的理念與實施，在美國，自 1960 年代人權運動以來，受到廣泛的關注，不但師資培育認可機構將之視為培育教師的必備課程之一，也成為各中小學施教的重點，若說多元文化教育是一種運動，則此一運動發展至今，可謂方興未艾。

　　但多元文化教育的理念，在國內，也許因種族的複雜性不及美國，也許因人權觀念的起步較晚，直到近年來，才逐漸由研究的領域擴及實際教學的實施。九年一貫的新課程，將「文化學習與國際理解」視為十項基本能力之一，對不同文化的學習與尊重，正代表多元文化教育的目標。

　　然而，反觀目前國內師資培育課程，雖然教育部對各校的選修課程僅提供參考建議，並未作強硬規定，而尊重各師資培育機構依其特色，發展各具理念的選修課程。但仔細考察之，尤其各教育學程的課程規劃，受限於僅有的學分數（國小及特教教師教育學程計 40 學分，中等教育及學前教師教育學程計 26 學分），甚少獨立開設多元文化教育之相關課程，而能否將其精神融入其他正式課程或潛在課程的實施，亦令人持保留態度。再由近年愈來愈趨競爭的教師甄試試題來看，題目的取向通常左右準教師的學習方向，卻發現

考題除了九年一貫的六大領域、七大議題、十項能力等屬記憶層次的題目之外，如何達成這些目的的應用、分析、綜合層次的試題，少之又少。準教師除了「知道」九年一貫的這些口號，能否進一步瞭解口號背後的精神與理念，很難由師資培育課程內容或教師甄試考題一窺究竟。

隨著社會的開放，對人權的尊重、對差異的瞭解與包容、對機會均等的維護，使得多元文化教育的理念益顯重要。教師能否具備相關的能力與教學策略，是培養學生多元文化素養的關鍵。本書透過對師資培育者、師資生及中小學現職教師多元文化教育信念的探討，期能拋磚引玉，引發師資培育機構對多元文化教育的重視與落實，則不負初衷。因作者才疏學淺，文中謬誤，尚祈海涵。

陳憶芬

於長庚大學耕讀園

謝　誌

　　從研究的構思到完成，大概花了一年的時間，也歷經幾番轉折，雖然許多辛苦不足為外人道，但回味起來，這中間的過程卻盡是甘甜。原來，我的周遭，有這許多隨時伸出援手的友伴；原來，我的世界，圍繞著一群關心我的親人；原來，我是如此的幸福。

　　首先，我有二位啟發我學習、支持我研究的恩師——政治大學社會學系謝高橋教授及教育系馬信行教授。高橋老師雖屆退休之齡，但治學的嚴謹態度，及對人群的關懷，一直是我的學習典範；信行老師對理念的執著，成為我處事的圭臬。

　　其次，我有一群鼓勵我成長的長輩。長庚大學郭校長南宏博士，給予我接觸行政的機會、支持我實現研究的構想；包副校長家駒博士對我的提攜；陳教務長君侃博士對我的包容與關懷；蔡總務長榮隆博士懇切的叮嚀；明志技術學院劉校長祖華博士、長庚大學管理學院吳院長壽山博士、企業管理研究所張所長克章博士熱心的指導，都是敦促我成長、引導我學習的良師。

　　此外，我有一群陪伴我的同事與朋友。教育學程中心柯教授平順博士的提點；惠茹、麗如的關心；公衛科史麗珠副教授、通識中心駱碧秀副教授、林美清副教授、及韻如等人的切磋；國立林口啟智學校王秘書淑姿、林教務主任文

濱、國立桃園啟智學校黃教務主任祝、呂輔導主任淑美的協助，使我無論在行政工作的推動或研究工作的進行，一路順暢。

論文的完成與出版，尚須感謝長庚大學教育學程學生王藜儒小姐的辛勤打字與校稿；卓佳儀小姐細心的聯絡；行政助理林月蓉小姐貼心的體諒；以及秀威資訊科技股份有限公司魏小姐的專業協助。

感謝摯友王博士立心，每當我有任何疑難問題時，都能提供及時的解答；感謝亦生亦友、慧點靈巧的惠娜，給予我實質上及精神上的支持。最要感謝婆婆潘吳玉里女士對我及子女們的照顧，使我在工作上無後顧之憂；我最親愛的老公潘建修及最可愛的公主頤瑄、品瑄，你們的支持與體貼，使我擁有美滿幸福的家庭。最後，謹將此書獻給撫養我、教育我、疼愛我、關心我的父母—我的任何成就，都因您們的教誨而成，皆因您們的肯定而別具意義。

本書的完成，不僅代表一項研究的結束，更代表另一項研究的開始。我將一秉初衷，繼續前進，期不負大家的關心及期望。

長庚大學教育學程中心
陳憶芬　謹誌

目　　錄

表 次

圖　次

師資培育中的多元文化教育之研究

第一章　　緒論

第一節　　研究動機

　　現代社會由於種族及價值的歧異，幾乎都成為多元文化的社會（方德隆，民 87）。種族、性別、宗教、社會階層等之差異，構成社會各組成份子價值觀念的差異，也形成各群體特有的語言模式與文化內涵。過去，美國教育在「大熔爐」的思考模式下、台灣教育在「大一統」的意識型態下，所實施的教育方式係以優勢團體為主要考量，教育內容則以主流文化為主要對象，弱勢群體的文化並未受到相當的尊重，少數族群的學生是否有其獨特的學習模式，在學校裡亦不受重視。

　　美國多元文化教育的發展，與 1960 年代開始盛行的民族復興運動（ethnic revitalization movements）有密切關聯。此項民族復興運動主要目的在帶動教育改革，希望透過學校

教育的革新，使得來自不同種族、民族以及社會階級的團體
能享有均等的教育機會（方德隆，民 87）。多元文化社會的
教育立場是允許多民族、多文化、多價值觀的並立與尊重（王
雅玄，民 88）。影響所及，一為對不同種族、文化、語言、
性別、社會階層、宗教等背景的學生均等受教權的重視，並
著重身心障礙者的受教權以及學生的個別差異。另一則為培
養每個人具備多元文化能力。由此觀之，多元文化教育的對
象應是社會所有的成員。行政院教育改革審議委員會（民 85）
將多元文化教育列為教育改革的重點之一；「原住民教育法」
可說是我國最早明訂多元文化課程必須納入學校教育的正
式依據。目前教育部極力推動的九年一貫課程，其基本內涵
清楚說明包含「鄉土與國際意識」的特性，其十項基本能力
也揭櫫「文化學習與國際理解」之能力，均表示教育應涵蓋
對不同文化之學習與尊重，教學內容亦注入鄉土教學、母語
教學、兩性平等之議題。因此，多元的班級文化與多樣的課
程內容，將是未來教師需掌控、瞭解的事實。

　　然而，觀諸當前的師資，Gordon（1992）發現，教師愈
來愈無能力與意願教導不同於自己的學生；同時，他 1994
年的研究亦發現，培育中的師資並未充分準備以瞭解不同文
化的學生之間的壓迫及競爭之關連，也不瞭解不同背景學生
需求的差異。王泰茂（民 87）研究原住民學校的親師互動，
認為原住民學校的教師應消除族群刻板印象的影響，多到社

區走動；許誌庭（民89）研究國小教師對「文化再製」之知覺，認為師資培育課程與教師本身社會流動經驗等因素，會影響國小教師對「文化再製」現象的知覺程度，並建議在師資培育課程方面應擴大課程領域以加廣教師思考層面；張善娟（民87）則建議包括師資培育在內，全面規劃符合原住民特殊文化需求的課程，以做到相互瞭解與尊重。凡此種種，皆揭露師資培育過程中對具備多元文化觀教師之需求，也顯露其相對不足之處。

綜上所述，未來教師所面臨的是多元文化的教學情境，教師需具備對不同文化的相關知識，以及處理不同文化所衍生之問題的涵養與技巧，並對不同文化之差異具有相當的敏銳性，這是目前師資培育工作不應缺漏的項目。因此，瞭解目前多元文化教育論點對師資培育的影響，以及師資培育課程納入多元文化教育的情形與方式，是進一步建立具多元文化素養教師的重要依據。

第二節　研究目的

本研究的主要目的有四：

師資培育中的多元文化教育

一、探討多元文化觀在師資培育上的重要性。以文獻分析之
　　方法，綜覽相關文獻與研究，綜合整理其內涵，形成本
　　研究之基礎。

二、探討受試者個人背景變項（性別、身份別、原住民接觸
　　經驗）及多元文化修課經驗，對於族群觀念的影響。

三、探討受試者個人背景變項（性別、身份別、原住民接觸
　　經驗）、修課經驗及族群觀念，對其多元文化教育信念
　　的影響。

四、探討受試者個人背景變項（性別、身份別、原住民接觸
　　經驗）、修課經驗及族群觀念，對其多元文化課程內容
　　重要性覺知的影響。

五、探究受試者個人背景變項（性別、身份別、原住民接觸
　　經驗）、修課經驗及族群觀念，與其多元文化教育信念、
　　多元文化課程內容重要性覺知的相關及預測力。

第三節　名詞釋義

本節針對本研究相關之名詞，作一界定。

一、師資培育者

本研究所指稱之師資培育者，係指在師資培育機構（如各師範校院、各校教育學程等）任教之教師。由於其所教導的學生，畢業後將可取得合格教師資格，因此，師資培育者的理念對未來教師的影響極大，值得吾人探究。

二、現職教師

本研究所指稱之現職教師，係指目前任職於國民中小學的專任教師，不包含幼稚園或高中職、以及大專校院之教師。

三、師資生

本研究所指稱之師資生，係指正在接受師資培育職前訓練之大專校院在學學生，這包括各師範校院、各公私立大學相關教育系所及各校教育學程學生，惟不含修畢職前課程之

實習教師，以及各種教師在職進修學分班或學士後教育學分班之學員。

四、族群觀念

本研究所指稱之族群觀念，係指受試者個人針對不同文化的既有觀念。族群的概念不僅止於種族，舉凡性別、階級、政黨、語言、風俗習慣等不同文化皆涵蓋在內。依據相關文獻之評閱，及本研究之探索，將個人之族群觀念分為「族群接觸」、「族群偏見」、以及「族群同化觀」等三個層面。「族群接觸」層面係指個人與不同文化的人接觸時的感受；「族群偏見」層面係在瞭解受試者是否對不同文化的人具有某種程度的偏見；「族群同化觀」則指受試者對文化異同所持有的觀感。

五、多元文化教育信念

本研究所稱之多元文化教育信念，係指受試者對不同文化學生的教學態度、教學策略、教師責任、教師期望等信念，分成「多元文化教學觀念」、「多元文化教師責任」及「文化與教師期望」等三層面。「多元文化教學觀念」係指個人對於不同背景的學生所持有的教學態度及採用的教學策

略;「多元文化教師責任」指受試者認為身為教師,對於目前文化多樣性的社會,應教導學生的相關知識、態度及技能之責任,以便學生未來能對多元文化的社會具備正確的認知及適當的行為。「文化與教師期望」層面,則探索受試者能否察覺本身對不同背景學生期望是否一致。

六、多元文化課程內容

本研究由文獻探索,臚列各項多元文化課程之內容,經因素分析後,得「多元文化教學設計」與「教材與教師自身偏見自省」兩大因素,由受試者就各項課程內容評估其重要性,作為分析個人對多元文化課程內容重要性覺知之依據。

第四節　研究限制

本研究係以師資培育歷程中,多元文化教育的實施為目的,研究對象以師資培育者、師資生以及中小學現職教師為主,並比較三者對多元文化相關議題觀點之異同。就研究對象而言,「師資生」不包含就讀於各類教師在職進修學分班、第二專長學分班、國小師資班、或學士後教育學分班等之學

員;「中小學現職教師」則僅包含國民中小學現職教師,不包含高中或高職教師。就研究變項而言,自變項中的「個人背景變項」僅針對性別、身份別(師資培育者、師資生或中小學現職教師)、是否曾有接觸原住民之經驗等三項分析之,至於其他可能影響個人多元文化教育信念之變項(如:籍貫、主要使用語言等)則不在分析之列;依變項則選擇影響多元文化教育實施最為直接的「多元文化教育信念」以及「多元文化課程內容」二者分析之,有關師資培育機構中如何落實多元文化理念的教育,以及師資生或現職教師對師資培育機構提供的多元文化課程之需求,則因人力、物力、時間等之限制,有待另文探討。就研究方法而言,本研究採問卷調查,並以量化統計進行資料分析,可能無法完全反映受試者個別的感受與意見,在研究結果的討論與應用上應謹慎為之。

第二章　文獻探討

　　本部分由所蒐集的資料，分析多元文化教育的意涵與目標，以及師資培育中的多元文化教育之相關研究，藉以瞭解多元文化觀點在師資培育上的重要性。

第一節　多元文化教育的意涵

　　美國多元文化教育的發展，與 1960 年代開始盛行的民族復興運動（ethnic revitalization movements）有密切關聯。此項民族復興運動主要目的在帶動教育改革，希望透過學校教育的革新，使得來自不同種族、民族以及社會階級的團體能享有均等的教育機會。從歷史的觀點言，多元文化教育是近三十年來的社會改革運動所造成的（方德隆，民 87）。Banks and Banks（1993）亦認為多元文化教育是一種改革運動，其目的在改變整體學校環境，使來自不同種族與民族團體、兩性團體的學生、身心障礙學生、及各個社會階層的學生，在各級學校教育，都享有均等的教育機會。

　　Banks and Banks（1993）提出：多元文化教育主要的假設是，

有些學生，由於其特殊的種族、民族、性別、及文化特質，比起其他團體或不同文化及性別特質的學生，在現存的教育結構中有較為有利的成功機會。多元文化強調機會均等，即所有的事物提供給所有的人，人人享有相同的機會（劉採瓊，民87）。在此基礎上，多元文化觀點在於，不僅要尊重地方的、國家的乃至國際的多元歧異，並且尊重社經背景的不同、專業的不同及至宗教的、性別和階級的不同差異，且均有權積極參與社會各方面活動而不必放棄自己獨特的認證（劉採瓊，民87）。多元文化此種強調「多元」、「差異」與「社會行動」等概念，在教育上，希望培養學生對不同文化的理解與欣賞，對差異觀點的尊重與包容，消除優勢族群的偏見與刻版印信，提昇弱勢族群的自我概念（劉美慧和陳麗華，民89）。

此外，學者（Banks, 1994; Bartolome, 1994; Barry, 1992）亦提出多元文化教育代表一種觀點及一種方法論，既不同於同化論者（assimilationist）亦不同於多元論者（pluralist）的論點。不是以獨斷的方法強調個人間的共同性或差異性，相反地，多元文化教育致力於尊重並珍視人類共同社會中的獨特性。它表達了均等的、歧異性中的共同的、對所有人正義的、以及免於任何種族、性別或社會階級歧視的民主理想。歐用生（民85）認為多元文化教育是一項教育政策與措施，其承認、接受與肯定人類的性別、種族、殘障、階級與文化具有差異性。莊明貞（民84）則認為多元文化教育是許多教

育學者的專業術語，用這個術語來描繪教育相關政策與措施，而這些教育政策與措施是用來承認及接受不同性別、族群、特殊性等有差異的不同背景群體者。

　　方德隆（民 87）綜合莊明貞（民 82）、黃政傑（民 82）、詹棟梁（民 82）、Bennett(1990)與 Tiedt and Tiedt(1995)等人的看法，從文化多元論、教育機會均等、多元文化教育是一項改革運動、多元文化教育是一種繼續不斷的過程、以及多元文化教育是一種課程設計途徑等五個層面詮釋多元文化教育。

　　Banks 和 Banks（1994）認為多元文化教育需要教學方法與學校環境的改變，而提出多元文化教育的五個面向（dimentions），包含課程內容的統整、知識建構的相關議題、能考量不同文化學生的教學設計、能減少學生偏見的教材、以及創造均等公平的學校文化。以圖 2-1 表示。

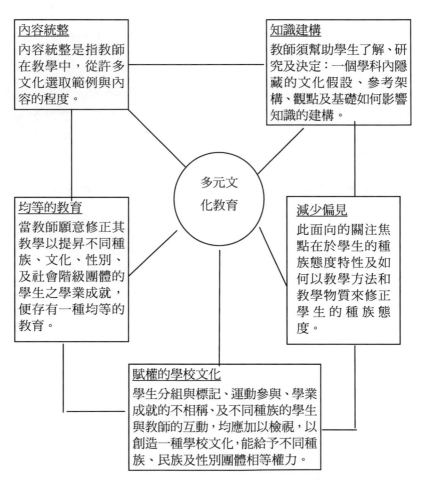

圖 2-1. 多元文化教育的面向

資料來源：Banks, J. A. & Banks, C. A. M. (1998). Multicultural education: Issues and perspectives, p.23. Boston: Allyn & Bacon.

茲就圖 2-1，將五個面向之內容解釋如下：

一、內容統整(Content Integration)

為了在各課程中成功地統整多元文化教育，教師會發現有必要在所有學科領域中，應用來自各種文化的例子和內容。在此實現之前，教育工作者必須先對多元文化的貢獻非常熟稔，並要求學生補充他們文化或種族傳承的例子，在各種課程中都有豐富的資源可供教師擷取。

二、知識建構（The Knowledge Construction Process）

教師可以幫助學生確認文化的假設與偏差是如何影響一個學科的知識建構。在班級中所教授的概念、事件與議題應從廣泛的種族、文化團體的觀點與經驗來看待。

三、平等的教學（Equity Pedagogy）

平等教學係指教師運用各種教學法以促進不同種族、文化、性別與社經地位的學生的學業成就，使學生透過合作學習的運用、角色扮演、發現教學等多種教學模式，以及個別化、自我指導的教學方式，使學生有更多的成功機會；在平等的教學中，教師必須確保學生在各種教學活動中，每個學

生的地位都是平等的,並在教學活動中幫助所有的學生發展
對自我或是他人更正面的多元文化態度。

四、減低偏見(Prejudice Reduction)

　　對於教室情境中各種不同文化的呈現,差異性的文化會
導致學生對其他族群的偏見,因此教師應運用各種不同的方
法以幫助學生發展正向的種族態度,以減低偏見。

五、賦權的學校文化與社會結構(An Empowering School Culture and Social Structure)

　　教師不僅要檢視個別教室內族群間的互動情形,並且應
注意學校整個結構內的族群互動,並鼓勵行政人員與學生進
行族群之間的正面互動,以協助創造賦權的學校文化。為了
讓老師能夠有意義並且有效率地將學生帶進一個多元文化
的經驗中,以幫助學生瞭解、關懷並參與民主社會活動,我
們應先將老師置身於同樣的目的和情境中,因為唯有當老師
本身具備文化和族群多樣性的知識,而能夠以不同族群文化
的觀點來詮釋知識經驗,並採取適當的行動,使其生活和社
群更富多元性且更敏銳於理解文化的差異時,他們才能具有

足夠的知識和技能來協助轉化學校課程及學生的意志,如此學生才能學習到二十一世紀的全球社會中有效參與所必備的知識、技能和看待事物的觀點。

除此,Bennett(1995)欲對多元文化教育做一全面性的界定,他認為多元文化教育如下:

(一)它是一種運動,期能達到教育機會均等,特別是針對位處不利地位團體(少數族群及經濟不利階層的年輕人、孩童)的人。其目標在於改善學校的全體環境,特別是潛在課程。

(二)它是一種課程設計途徑,期使學生能認識與了解現今各民族與國家間的文化差異、歷史與貢獻,並致力於以往為單一族群所設計的傳統課程上加入多元族群及全球性的觀點。

(三)它是一種過程,藉此使個人具有多元文化識能,或發展出多元知覺、評鑑、信念及行動能力;著重於了解並學習到無論是在國際間或單一國家內皆能做到多元文化的溝通。

（四）它是一種承諾，期能透過適當的知識、態度和社
會技能的培養，進而消弭種族、性別及其他各種型式的
偏見與歧視。

本研究茲參閱各學者對多元文化教育意涵的定義，彙整
如表 2-1。

表 2-1.
各學者對多元文化教育意涵之界定

意涵或面向 \ 學者	方德隆（民 87）	林青青（民 87）	Banks and Banks(1993)；Banks(1996)	Bennett (1995)	Soley (1996)
1.對象		多元文化教育應以全體學生為對象			
2.理想			多元文化教育是一種理想或概念		
3.過程	多元文化教育是一種繼續不斷的過程	多元文化教育是一個永無止境、持續進行的過程	多元文化教育是一個持續不斷的過程	多元文化教育是一種歷程	
4.運動	多元文化教育是一項改革運動		多元文化教育是一種教育改革運動	多元文化教育是一種運動	
5.承諾				多元文化教育是一種承諾	
6.文化多元論	文化多元論				
7.教育機會均等	教育機會均等	多元文化教育注重文化與教育間的關聯性，強調教育中文化的公平性與機會均等	均等的教育：教師願意修正其教學以提昇不同種族、文化、性別、及社會階級團體的學生之學業成就		

表 2-1.
各學者對多元文化教育意涵之界定（續）

意涵 或面向 ＼ 學者	方德隆（民87）	林青青（民87）	Banks and Banks(1993)；Banks(1996)	Bennett(1995)	Soley（1996）
8.教學內容		多元文化教育並非強調保存某一種文化，而是協助每一文化中的個人由對自己族群的文化認同與瞭解為起點，發展民主社會中必須的態度與技巧	內容統整：教師在教學中，從許多文化選取範例與內容的程度		族群議題 性別議題 階級議題
9.課程設計	多元文化教育是一種課程設計途徑		知識建構：教師須幫助學生了解、研究及決定一個學科內隱藏的文化假設、參考架構、觀點及基礎如何影響知識的建構	多元文化教育是一種課程設計途徑	
10.學校文化			賦權的學校文化：創造一種學校文化，能給予不同種族、民族及性別團體相等權力		

綜合以上國內外各學者之意見，多元文化教育以全體學

生為對象，它是一種理想，是一種持續不斷的過程，也是一種教育改革運動。它的教學內容並非強調保存某一種文化，而是協助每一文化中的個人由對自己族群的文化認同與瞭解為起點，發展民主社會中必須的態度與技巧。它是一種課程設計的途徑，教師需幫助學生瞭解學科內隱藏的文化假設、參考架構、觀點及基礎如何影響知識的建構。它注重營造教育機會均等的學校文化。

第二節　多元文化教育之目標

由於現代社會的多樣性，尊重不同群體的文化、態度與價值，已成為教育中不可忽視的一環。Lynch（1983）在英國學校委員會委由全國教育研究基金會所實施的計畫中，以多元文化種族的觀點出發，提出多元文化教育目標包含兩大類：一為尊重他人，二為尊重自己。Gollnick（1980）曾提及多元文化教育有五個目標，分別為：促進文化差異的價值和強度、促進人權及尊重與自己不同的他人、促進人類對生活的選擇性、促進社會正義和全民機會均等、及促進不同團體間權力地平均分配。

Gay（1995）認為多元文化教育的目標包括個人與社會

二大面向，個人目標包括自我肯定、認同差異、不同文化團體增能；社會目標則是提昇對不同文化團體的理解與態度，使社會呈現多樣化並回應文化差異。

　　Suleiman（1996）則提出多元文化教育的八項目標：第一，知道、瞭解、欣賞社會中少數民族或其他族群團體不同的經驗和貢獻；第二，展現對多元文化社會中的衝突、制度下的平等、種族主義、性別主義的透徹瞭解；第三，透過哲學的基礎來整合教育學原則，發展健全合理的多元文化主義；第四，透過含有社會文化因素的學習過程，臻致學生學業和社會發展的完整性；第五，瞭解影響學生言行的動機及其態度、價值；第六，在多元文化教育的活動中獲取知識，須增加教室中民主的精神，史專業的學習可以發生在教師與學生身上；第七，學習有關教室管理和調解學生不同的社會文化背景；第八，利用與學生的社會文化背景所行程的多元文化材料，來促進其學業成就。

　　林清江（民86）指出多元文化教育所要達成的任務主要有三：首先是讓各民族、種族或社會團體成員，在其文化適應（accommodation）、涵化（acculturation）、與同化（assimilation）的過程中，均能獲得充分而平等的教育學習機會；其次是協助上述獲得充分而平等教育與學習機會的各民族、種族、與團體成員在接受教育並完成學習後，既能融入主文化之中，又能提升自己的社會地位；第三是培養全民

的多元文化能力，以期形成平等，和諧的動態社會。

江雪齡（民 82）則認為多元文化教育應達到目標有四，一是改變學校環境，以創造一個尊重各個對社會進步有貢獻之不同族群的環境；二是改變教材和教法，以使課程具有包容性和真實性；三是運用不同的教學方法，以幫助各種不同學習型態的學生學習；四是延聘來自不同族群的教師及行政人員。

劉美慧和陳麗華（民 89）則由認知、情意及技能三方面歸納多元文化課程之目標。方德隆（民 87）結合 Banks（1989）、Tiedt and Tiedt（1990; 1995）、Gollnick and Chinn（1990）等人的論點，將多元文化教育的目標歸納為：促進教育機會均等之實現、追求卓越的學業成就、提昇弱勢族群及文化不利學生的學業成就、情意重於認知與技能的目標、增進學生對自身及其他文化的瞭解與欣賞、促進學生經由反省而付諸改革的行動、以及培養適應現代社會的能力等七項。

Banks（1993: 19-21）認為多元文化教育的目標有四項：

一、增進所有學生的學業成就

多元文化教育在改變學校的結構與教學，使男、女學生、特殊學生及來自不同文化、社會階級、種族與民族的學

生，都能有均等的學習機會，以符合學生本身的文化、行為和學習方式，以提昇所有學生的學業成就。

二、培養所有學生對不同文化產生積極的態度

　　學生的成長過程常因外在因素，對不同文化抱持負面態度、偏見和刻板印象，學校必須發展消除偏見的策略，統整於學校課程和活動中，以矯正負面態度與錯誤觀念。故多元文化教育亦在培養所有學生對不同文化、種族、民族與宗教團體，發展正面積極的態度。

三、協助弱勢族群的學生建立自信

　　學校應提供學生成功的經驗、重新認知學生自身的文化，以及教導他們作決定與社會行動的技能，增進其對環境控制的自信，獲致有效且成功的學習。

四、發展學生對不同族群有其獨到的觀點

　　多元文化教育應協助學生發展瞭解各種觀點的能力，考量不同團體的觀點，並提出獨到的見解。當學生能由不同族群的觀點來看世界，則他們的視野得以拓廣，也較能明智地反省自己的行為和經驗。

　　多元文化教育的實施，應以所有的學生為對象，不只是弱勢團體的學生認知自己的文化經驗，處於優勢位置的學生也要認識別於自己社群的文化與觀點，亦即拋棄過去單一文化的思考，考量不同族群、種族、性別、社會階級、身心障礙者、地域性、宗教或者其他文化團體的經驗與需求。

　　茲將各學者對於多元文化教育目的/目標之主張，摘錄於表 2-2。

表 2-2.

多元文化教育之目的/目標

學者＼目標	方德隆（民87）	劉美慧和陳麗華（民89）	Banks (1993)	Bennett (1995)	Gay (1995)
個人目標 認知	1.追求卓越的學業成就 2.提昇弱勢族群及文化不利學生的學業成就	1.瞭解與認同己文化 2.瞭解文化多樣性	增進所有學生的學業成就		使來自不同種族、性別、族群及社會階級背景的學生能發展出基本的學術能力
情意	情意重於認知與技能的目標	培養自我概念	協助弱勢族群的學生建立自信		
技能 **社會目標** 認知	增進學生對自身及其他文化的瞭解與欣賞	培養多元觀點	發展學生對不同族群有其獨到的觀點	1.發展多元歷史觀點 2.增加對國家及全球動力的瞭解	1.教導學生尊重及欣賞自己和他人的文化 2.瞭解造成現今族群疏離及不平等的社會歷史、經濟及心理因素

表 2-2.

多元文化教育之目的/目標（續）

學者 目標	方德隆 （民 87）	劉美慧和 陳麗華 （民 89）	Banks(1989 ; 1993)	Bennett (1995)	Gay (1995)
情意		消除刻板印象與偏見	培養所有學生對不同文化產生積極的態度	1.對抗種族主義、性別主義及其他形式的偏見與歧視 2.加強文化意識	克服種族中心主義及偏見的態度
技能	1.促進學生經由反省而付諸改革的行動 2.培養適應現代社會的能力	1.培養群際關係能力 2.培養社會行動能力 3.培養適應現代民主社會的能力		1.加強交互文化間的能力 2.建立社會行動技巧	對於真實社會的族群、種族和文化問題，提供批判分析以及明智做決定的能力
其他	促進教育機會均等之實現				幫助學生從較為人性、正義、自由及平等的觀點看事情，以及達成這個目標的知識及技能(兼含認知情意及技能)

　　簡言之，多元文化教育的目的，即是要培養不僅能瞭解自身文化的基本素養，亦能養成對他文化—尤其是弱勢文化的認知能力（王雅玄，民88）。一方面，教育學者對主流文化的宰制做意識型態的批判，凸顯多元文化教育的重要性。另一方面，弱勢族群自我意識的覺醒，使教育機會均等的要求從形式上入學機會均等轉變為實質上的平等對待。多元文化教育希望藉由教育的力量，肯定文化多樣性的價值，尊重文化多樣性下的人權，增加人民選擇生活方式的可能性，進而促進社會正義與公平機會的實現（劉美慧和陳麗華，民89）。提供教學上的均等並消除歧視，是多元文化教育的重要功能之一，而其主要目標則在於促進個別學生共同達成彼此的相互尊重容忍，使學生真正瞭解所處世界，並有能力過個有效的、豐富的生活（McFadden, Merryfield & Barron, 1997）。

第三節　師資培育中的多元文化教育

一、師資培育落實多元文化教育的必要性

　　（一）社會的多元特性

　　任何一個國家都可能是一個多元文化的社會。多元文化教育假定多樣性（diversity）是社會結構有價值的一部份，豐富了社會的風貌並增加公民解決問題的能力。

　　社會的多元性質不單是指社會的種族多樣性，還包括因性別、宗教、生活方式、社會階級等之差異而造成的文化多樣性。可以預見的是，我們的學生將來所要面對的社會，絕對不是單一文化的社會，也不是單一價值觀念所能掌控的社會。因此，社會的多元性質對教育上的啟示包含了兩方面：一是教師需具備足夠的文化敏銳度，以公平地對待來自不同文化背景的學生，對逐漸多樣的人口負起更多教學責任；二是設計適合的課程、教材，培養學生面對未來多樣化社會的能力。

　　（二）多元文化的教師責任

　　既然學生須面對多元化的社會，則教師在實施教學時，應從何落實多元文化教育？Banks（1993、1994）曾經表示，多元文化教育並不只就課程做改變，還包括學校整體與教育環境的改革，亦即學校政策、學校文化、所使用的語言、老師和行政人員的態度、信念和行動、教學策略與教材、評量、考試方法、正式和潛在課程、輔導諮商等等，都是多元文化教育企圖改變的結構，尤其培養具有多元文化信念及行動力的教師是學校改革的主要機制（陳美如， 民 87、民 89；

Banks，1993），包括教師的態度和期望、教學策略、教學技巧，以及使用的課程等層面，也都是改革的焦點所在（Bennett，1995）。以下即針對教師的文化敏銳性、教師對教材及自身偏見的覺察、以及教師的教學策略等方面，分析教師在多元文化教育中所應擔負的責任。

1.教師應具備文化敏銳性

要求教師對所有學生實施均等的教育，必須知曉不同的文化可能需要不同的教學實務（Larkin & Sleeter, 1995）。教師需能辨別學生的行為模式，使用學生所熟悉的互動形式，並直接處理家庭與學校之間文化模式之差異（Nissani, 1993），以提高學生的學習成效。

Gollnick（1990）認為只有當教師具備文化敏銳性（culturally sensitive），學生才能充分發展學業的、社會的及職業成功的潛力。首先，接觸年幼的、不同語言的兒童之教育者，需對這些兒童的文化與語言需求具備敏銳度（Nissani, 1993）。其次，教師需發展某種層次的跨文化的知覺（cross-cultural awareness），以有效地教導不同文化的學生（Locke, 1988）。多元文化教學是一種跨文化接觸（cross-cultural encounter），教師本身可為某種次文化的代表，在學習與教學的過程中，師生的互動可說是文化的接觸及傳遞之重要因素。因此教師對不同文化的接觸，若無相當

的經驗，便易導致教學行為與態度上的謬誤（吳雅惠，民88）。教師的觀點、學生的文化背景、及學術內容三者的互動，是確保所有學生學習的重要因素。教師需考量學生的心理—社會發展、文化背景、目前的技能水準，以及可獲取的教學資源（McFadden, Merryfield & Barron 1997），才能針對不同背景的學生提供完善的教育。

因此，職前教師需要接受多元文化教育，以便對影響學生的種族、性別與階級問題更加敏銳（Banks, 1993; Larke, 1990）。當教師不知道或不敏銳於需求所在，則無法提供不同的教學策略或教學實務。由此可知，師資培育課程應提供一種基本教育，使未來教師得以面對文化多樣性及教育均等的挑戰（Larkin & Sleeter, 1995）。對教師的訓練應使他們能藉由特殊課程內容及實際經驗，發展一種無偏見的觀點，以鼓勵他們進入並瞭解不屬他們自身的文化（Nieto, 1996, p.352），進而培養教師對文化具備相當的敏銳度。

2.教師對教材及自身偏見應有所覺察

教師在教室中的行為是協助所有學生發展其潛能，無論其性別、種族、年齡、宗教、語言之差異或各種不利的情況。然而，由於缺乏對文化差異之敏銳性、或不常由多元文化的觀點進行教學，教師們常常在不知不覺間傳遞具偏見的訊息給學生。即使教師努力嘗試公正平等地對待所有學生，大部

分教師仍會在無意之間為學生貼上標籤或不自覺地歧視學生（Sadker & Sadker, 1978）。或許，我們從一個具年齡歧視、種族歧視、性別歧視的社會中習得此種態度與行為，這些偏見甚至已經根深蒂固地內化為我們自己無法察覺的思考模式。這樣的思考模式若不經批判，很容易影響教科書的取材編排，與教室中的教學行為。唯有教師認清自己行為中這種不自覺的、非故意的偏見，教室中才可能有正向的改變。

族群偏見和刻板印象，經常透過課程設計而以系統化方式呈現，教科書是最明顯的代表。教科書的編輯者可能以主流文化的尺度來篩選教材，這使得教科書的內容偏向反映主流文化的世界觀，少數民族的歷史文化成為次要、微不足道的知識（譚光鼎，民 86）。

提供反偏見的多元文化教育時，教師如何使用教科書及其他教材，是十分重要的。教師必須釐清各種型態的、有意或無意的偏見，像是消失不見（invisibility）、刻板印象（stereotyping）、選擇與失衡（selectivity and imbalance）、不真實（unreality）、零碎及孤立（fragmentation and isolation），以及語言表達方式（language）（Sadker & Sadker, 1978）。

「消失不見」（invisibility）意指特定的微型文化（microcultures），包括不利團體，在教材中出現的比例過

低。此種忽略意味著這些團體在我們社會中較無價值、較不
重要。

刻板化（stereotyping）是把傳統的、死板的角色分派給、
或歸因給某個團體。刻板化發生於跨文化的及特殊的團體。

「選擇性與教材失衡」（selectivity and imbalance）是指
僅從單一觀點解釋問題及情境，通常是主流團體的觀點。此
種狀況下，少數團體的個人及身心障礙者，無法學到其文化
團體的成員對社會發展的貢獻。此種偏見使所有學生無法瞭
解歷史及現代情境與發展的複雜性。

當教科書描述歷史及當代生活經驗時，最可能出現「不
真實」（unreality）的現象。爭議性的議題被掩蓋，也避免
討論歧視與偏見。此種不真實的遮掩，阻礙學生學習認清、
理解、甚至克服一些社會問題所需的資訊。那些不利的、不
同種族與民族團體的個人所面臨的問題，通常都被偽裝或未
包含於教材中。

當教科書編寫者以獨立章節或個別部分討論不同團體
的議題、貢獻及資訊時，常會發生「支離破碎或孤立」
（fragmentation and isolation）的現象。此種附加的方式似乎
把這些團體的經驗及貢獻當作僅僅是有趣的消遣，而不是整
個歷史發展的一部份。

「表達方式的偏見」（language bias）是指教材公然省
略如性別、不利、或民族團體相關事務。

除了上述 Sadker 和 Sadker（1978）提出的教科書中常見的偏見情形外，Escamilla（1993）亦指出，美國學校課程及教科書中，典型對待非裔美國人、原住民、亞裔美國人、及西班牙裔美國人的不恰當方法，包括「花邊新聞」模式（the side-bar approach）、「超級英雄」併發症（the "superhero" syndrome）、以及「一體適用」觀點（the "one size fits all" view）。

「花邊新聞的處理模式」是指教科書對民族經驗的呈現通常侷限於一些獨立的事件，且常獨自歸於一類，與其他教材分離。表面上看，教科書兼顧了不同族群的文化經驗，但實際上，此種經驗的呈現在整體教學目標上可能只是點綴性質，缺乏統整觀點，學生無法由單一事件了解其對整體社會的影響。

「超級英雄併發症」是對特定族群常見的另一種誤導。課程內容僅僅提及某一種族或文化團體中特別有名的人物，例如歷史上的超級英雄，而對此一文化團體的其他貢獻付諸闕如。

至於「一體適用」觀點，意指教材通常經由以偏概全的概括化而反映文化偏見，暗示只有單一的西班牙文化、單一的非洲文化、單一的亞洲文化或原住民文化。例如：曾有一段時期，大多數美國人心目中認為中國人一定拖著一條長辮子。此種「一體適用」的觀點，常造成學生的誤解，無法正

確釐清每一族群均包含極大的文化差異性，即使在同一個文化次團體中，其文化亦隨時間而變遷。

　　陳枝烈（民 88）在一項針對瞭解小學多元文化教育現況的研究中指出，教師的教學與教材仍然缺乏多元文化的教育觀，例如在性別、族群面向的認知上，都存有刻板印象，而老師的教學行為仍是單一文化或主流文化的觀點在解釋教材，教導學生(p.48-69)。Suleiman（1996）指出，教師的教學信念多半來自師資培育課程，若課程中缺乏多元文化觀點的培養，則教師很難自省教學的不適切性。

　　3.教師應熟知多元文化教學策略

　　首先，教師應體認自身的教學觀念以及多元文化教育信念，將深切影響學生的學習。學校是社會的縮影，教師會因教學的互動，而將社會中期許學生的思考、行為價值與規範傳遞給學生；在學校中，教師是推動學校教育的靈魂人物，其刻板化的價值觀點或教學信念，極可能不自知地反映在教學歷程中，透過正式課程或潛在課程在課堂中呈現（陳玉賢，民 88）。教師必須營造一個多元而和諧的環境，不使學生因為種族、性別、語言或是學習能力的不同，而得到不公平的待遇。假如老師對學生教學僅從主流的文化、生活背景來施教，而認為不需去學習多元文化教育，這種錯誤觀念將會阻礙學生學習其他文化的機會（Marshall，1995）。Mehan

（1995）等人建議將學生從家庭帶到教室的知識與經驗當作
教學資源，不是一味地想去除學生在學校中所表現出的母文
化表達方式，而應瞭解及承認語言與家庭文化之間的緊密結
合與個人的重要性。因為如果教室中的課程內容、實施及教
室組織已伴隨著學生的特質而有所改變，並能將學生的經驗
與教師教學信念融合，那麼學生在學校中的學習才不會產生
文化的危機以及學習適應的問題，而且學習的動機及效能將
會大大地提高；由此可知教師的教學信念對班級中的多元文
化教育的實施，擁有不容輕忽的影響力。

其次，教師應熟之多元文化的教學策略。陳麗華（民85）
指出，教師應充實三方面的多元文化技能：一是理論層次，
瞭解各種多元文化的觀點；二是社會層次，瞭解多數族群和
少數族群的相同和差異，以及潛在的衝突和化解的機會；三
是教室層次，認識族群文化和社經地位對學生學校教育的態
度、價值和行為的影響，敏銳的察覺學生、家長和教師本身
的文化差異。教師應思考及反省本身對其他族群的態度，並
且應在教學歷程中教導並糾正學生的偏見及刻板印象，以達
到教室中多元文化教育的目標。

吳雅惠（民88）結合譚光鼎（民86）、陳麗華（民86）、
江雪齡（民86）及 Banks（1991）之意見，彙整出多元文化
教學策略十一項，計有：第一，教師應提供機會予學生不同
民族的經驗，並給予少數民族學生適當的期望，以協助其發

展積極的自我概念和成就動機;第二,增進族群關係的教學
中,不應讓學生記憶零散的資料或事實,而是應幫助學生找
出其錯誤觀念或衝突的情感,並增進學生使用知識的能力,
藉由文化相互調適及學習的過程,接受及讚賞他族群文化之
內容;第三,教師能應用各種多媒體的材料,使學生能很快
地進入多元文化的情境中,且能正確地傳遞文化的訊息,培
養學生欣賞的態度;第四,妥善運用各種評量工具,並謹慎
地解釋測驗結果,避免主觀或是錯誤的判斷。而對於「低成
就」的少數民族學生,教師應提供充分的學習輔導,以提昇
其學業成就;第五,利用學生的文化知識和經驗作為教師教
學的資源,運用各種族群家長和社區人力資源,提供許多不
同族群的資訊,並解決班級或學校中的族群問題;第六,運
用多元文化的教學方法,如角色扮演法,促使一般學生發展
同理心,以瞭解其他族群的感受和觀點;第七,經由妥善的
指導,運用異質團體進行合作學習,讓學生在共同學習的過
程中增進不同文化背景學童的相互接觸;第八,教師教學時
可指出教科書中的族群偏見和闕漏之處,並蒐集有關族群文
化的材料做補充和修正,並應適時地掌握機會,引導學生進
行討論及建立正確的族群觀念,以協助其消除偏見和歧視行
為;第九,採多元文化的教學環境佈置,傳達班級族群關係
理念,營造正向的族群關係氣氛,訂定增進班級族群關係的
規範,建立合理的班級組織和公平的評測程序與內容,以增

進教育機會均等；第十，實施雙語言或多語言的教學，使學生能在熟悉或是文化的語言中學習，除了可增進學生的學習興趣外，更可讓學生瞭解到各文化語言的意涵；第十一，實施多元智能的教學，使學生在最自然的環境中，用最自然的學習方法學習，運用跨科際的課程，讓不同智慧的學生得以發展所長，也使學生同時運用多種感官學習，可以提高學習的成效。

（三）師資培育尚未落實多元文化議題

即使承認培養教師的文化敏銳度相當重要，但目前師資培育課程在這方面的努力仍屬有限。不僅有許多師資培育者認為在主流文化校園中的職前教師並沒有充分準備好在多元文化社會中有效地教學（Lampe, 1994）；學者也認為職前教師與初任教師大多未能為今日課堂的多樣性做好準備（Taylor, 1999a）。這顯示師資培育課程中探討多元文化教育議題之不足。

影響所及，其一使許多教師無法跨越自身的文化藩籬（Nieto, 1996, p.352）而親近學生的生活。Huerta （1999）指出，師資培育者傾向把各族群（如非裔美人、美國印地安人、亞洲人與拉丁人）的文化加以概括化（generalize）。此種概括化通常導致師資培育者發展出類似規定的教學策略，無法使職前教師貼近與不同文化學生的對談（dialogue），

他們對不同文化學生所遭受的痛苦與憤怒之瞭解十分有限，且無法自我反省。

其二，使教育無法在文化發展的過程中發揮應有的功能。由於培育中的師資並未充分準備以瞭解不同文化的學生之間的壓迫及競爭之關連，也不瞭解不同背景學生需求的差異（Gordon, 1994），因此，即使教育在個人、團體與社會的文化發展上扮演重要的角色，但 Batelaan（1992）認為過去教育在此一角色上是失敗的，部分起因於不恰當的師資培育。師資培育的課程改革若能強調這些議題，則可帶給所有學校進步（Gordon, 1994）。

其三，使教師缺乏能力以檢視一些既有的信念。由於師資培育者常以直接、間接的方式，教育下一代的教師不具批判的態度、技巧，並支持社會的主流價值與秩序（陳美如，民 87）；加上職前教師少有機會分析特權議題、文化假設或知識建構，使得他們無法透過師資培育課程而瞭解多元文化教育之重要性，如此一來，所培育出來的師資常以主流文化的價值觀念與思考模式為主，卻在無意中挾持社會結構的力量，強迫並控制學生的思考與想像。

師資培育課程應培養能對現況提出批判懷疑的學生，多元文化的師資培育課程或議題，將能引導教師於教學之中運用習得的新技能，並能幫助教師檢證一些強迫、命令式及視為理所當然的信念。

二、師資培育中的多元文化教育課程內容

目前許多研究著重於如何把多元文化知識統整為師資培育課程的一部份（Kennedy, 1991; Ladson-Billings, 1995a; Zeichner, 1992）。所有這些研究者都建議多元文化師資培育課程的結構與內容是需要進一步研究的領域。教育改革訴求未來師資的多元文化需求卻導致改革失敗，證明多元文化教育與多元文化師資教育處於不受重視的邊際地位（marginal status）。Ladson-Billings（1995b）在檢視多元文化師資培育的文獻後，發現要從整體問題情境中抽離出多元文化師資培育是不可能的。

既然要從整體社會文化環境來考量多元文化的師資培育，則其課程應包含哪些要素？Batelaan（1992）提出跨文化教育的標準應為：不同教育目的的平衡、對所有學生知識與技能的描述、課程應反應多元文化社會、課程能由不同觀點提供知識、在教室層級有均等的機會、評鑑與評量應避免文化偏見。

Ladson-Billings（1995a, p. 22）認為為教導多樣化人口，教育應著重五個範圍：教師對學生的信念、課程內容及教材、教學法、教育設施、及師資培育，此五者對多元文化教育的實施扮演重要角色。其中師資培育方面，美國全國師資培育認可會議（National Council for the Accreditation of

Teacher Education, NCATE）曾提出師資培育課程的專業教育
之認可標準，可分為四大類：師資培育課程、實地經驗（field
experiences）、異質學生的招募與保留、異質教師的招募與
保留（Clarken & Hirst, 1992）。

陳美如（民 87；民 88）從多元文化教師的基本訴求、
多元文化教師的教學觀、多元文化教師的基本態度及技巧等
面向，討論多元文化師資培育之特質。多元文化教師的基本
訴求是：教師需發展一個文化多樣性的知識基礎，接受不同
文化並願意服務弱勢文化的社群，並具有將多元文化教育的
行動帶入教室的能力。多元文化教師的教學觀則是以學生為
中心，鼓勵學生運用自己的經驗對教材進行批判，去除不良
的潛在課程的影響；並需瞭解來自不同文化背景的學生在學
習上可能的差異，並瞭解自己的價值觀對學生的影響。多元
文化教師的基本態度及技巧上，教師需瞭解刻板印象與不同
文化類型的差異，能接受不同文化型態之兒童行為，並發展
對弱勢族群的感受性，並能與家長合作，幫助兒童學習。

陳憶芬（民 90）結合 Banks and Banks(1989)、
Bennett(1990)、 Sleeter and Grant(1988)等人的研究，建議師
資培育課程應包含下列數項多元文化教育議題：

（一）至少一門多元文化教育課程，考量所有學生之需
　　　求

對許多未來教師而言，這些多元文化課程所提供的資訊是新的，且於一般課程或職前教育課程中未被討論。為了瞭解學生、教師及家長的權利與義務，這些資訊對教師而言是必要的。然而此種資訊並不表示能消除教師固有的族群刻板印象或錯誤概念，它只是更直接地為未來的教學決定提供資訊。

（二）對於不同種族、語言及文化背景學生，提供有關其歷史與文化之資訊

學生的行為，如：集中注意的策略、回應問題的方式，以及互動的模式，都受文化背景之影響。教師應考慮修正傳統的直接教學，改成含括各種類型的教學方式，使所有學生能從中受益。

另一個需考量的因素是家庭讀寫傳統與文化和學校的傳統與文化相類似的程度。若學生的背景文化十分強調口語傳統，則知識可能藉由「口語的使用與記憶」而傳達。這與高度強調能讀能寫的美國傳統十分不同，若教師基於閱讀課文而期望某種型式的教室互動，將會產生問題。

（三）課程內容應整合各不同群體之貢獻

替未來教師示範如何整合不同群體的貢獻，是重要的，因為這能提供在教室內使用資訊的有效方法。對許多學生而

言，這可能是第一次接觸其他民族的英雄、事件、重要的貢獻或理論。

（四）使師資生學習第一及第二種語言，以及有效教學
策略之資訊，以便教導不熟練英語的學生

瞭解學生所使用的兩種語言，有助於教師發展學生聽說讀寫技能之活動。教師可能知曉某個學生在校外接觸以英語為主的同儕，且在家閱讀英語。另一學生主要社會化的對象是同一語言背景的其他學生，且在家多半閱讀母語材料。這些訊息能在教師指定家庭作業或在教室內與其他學生互動時提供協助。

（五）接觸不同背景學生之實地經驗（field experiences）
與教學實習機會

提供實地經驗，並讓實習教師有機會與不同背景的學生工作，是必須的。未來的教師進入實際教學之前、且尚能與師資培育者、與實際教師對話時，能由這樣的互動中受益。處於學校人口多變的時代，未來教師多接觸將來會碰到的族群，也是十分重要的。

茲將各學者提到有關多元文化師資培育之內涵，整理如表 2-3。

表 2-3.

多元文化師資培育之內涵

學者／師資培育內涵	林青青 (民87)	陳美如 (民88)	陳憶芬 (民90)	Batelaan(1992)	Ladson-Billings(1995a, p.22)	NCATE
制度						異質學生的招募與保留、異質教師的招募與保留
設施					教育設施	
課程知識	多元文化知能	瞭解來自不同文化背景的學生在學習上可能的差異	1.至少一門多元文化教育課程,考量所有學生之需求 2.對於不同種族、語言及文化背景學生,提供有關其歷史與文化之資訊 3.課程內容應整合各不同群體之貢獻	1.課程應反應多元文化社會 2.課程能由不同觀點提供知識	課程內容及教材	師資培育課程
態度	多元文化的態度與胸襟(多元文化觀)	教師需瞭解自己對文化多樣性理解的限制、認知刻板印象的模式,及刻板印象與不同文化類型的差異			教師對學生的信念	

表 2-3.
多元文化師資培育之內涵（續）

師資培育內涵 \ 學者	林青青（民87）	陳美如（民88）	陳憶芬（民90）	Batelaan(1992)	Ladson-Billings(1995a, p.22)	NCATE
技能	1.多元文化教學技巧 2.評鑑、選擇及適切運用教材的能力 3.設計多元文化課程的能力 4.與不同文化學生的溝通能力	1.教師應具有將多元文化教育的行動帶入教室的能力 2.能幫助學生分析學校內外制約教材的力量,去除不良的潛在課程的影響	使師資生學習第一及第二種語言,以及有效教學策略之資訊,以便教導不熟練英語的學生		教學法	
評量				評鑑與評量應避免文化偏見		
實習			接觸不同背景學生之實地經驗 (field experiences) 與教學實習機會			實地經驗
其他				在教室層級有均等的機會	整體師資培育的機會	

　　由以上討論可知，師資培育的課程不容忽視多元文化教育之訴求，培養未來教師能由多文化的觀點關照學生，藉以達成教育均等的理想。然而，多元文化師資培育課程亦面臨一些問題，阻礙其發展，這些問題包括：課程間的連貫性與關連性不足、師資培育者缺乏對多元文化的明確定義、學生對多元文化知識與議題的抗拒、以及政治上對多元文化教育的攻擊與扭曲（Ladson-Billings, 1995a）。要排除這些困難，加強師資培育工作，使未來師資具備相當程度的文化敏銳性，恐怕尚有一段需努力的路程。

　　至於要採何種方式使培育中的師資準備好面對多樣化的班級，Batelaan（1992）和 Didham（1993）不約而同提出合作學習（cooperative learning）的重要性。由於學生帶著各種不同導向（orientations）的合作行為（cooperative behavior）來到學校，但許多老師甚少考慮到學生合作所需的行為而直接跳進合作活動，這是不恰當的。幫助兒童瞭解合作學習的價值並教導他們團體工作及團體成功所需的適當行為，是教師的主要目標。師資培育課程應示範及教導合作技巧。許多教師運用合作學習而卻遭遇教學失敗，這是因為學生缺乏社會技巧（social skills）的準備。在學校所學的社會行為應能轉化至兒童從事的其他活動，若能正確教導，兒童應能在任何其他場合維持相同行為。因大眾期望教師不僅教出好的學

習者且要教出好人，在學校教導學生合作行為可遷移
（transfer）至家庭、遊戲甚至工作（Didham, 1993）。透過
合作學習，亦使培育中的未來教師得以經驗到與不同文化背
景的同伴一起工作、進而願意相互分享、相互尊重，這正是
他們未來要教給學生的珍貴態度。

三、多元文化師資培育之相關研究

　　首先，在研究法方面，目前多元文化師資培育之研究，
其實驗研究與準實驗研究逐步平衡，並有更多質化個案研究
揭開實務上的明智作法（Ladson-Billings, 1995b），讓我們得
以窺探目前較為成功的多元文化師資培育之作法。Pickert 和
Chock（1997）也建議用人種誌（ethnography）方法作為教
學工具（teaching tool）以證明文化的概念是一種詮釋的實踐
（interpretive practice）。

　　其次，在研究結果方面，一些研究檢視多元文化師資培
育課程對未來教師文化敏銳度或教學態度的影響。Lampe
（1994)以一篇描述性的(descriptive)、詮釋性的(exploratory)
研究檢視 10 位非傳統的、碩士後學生尋求師資證照或教師
學位者的經驗、觀察及反省。結果發現，參與一項多元文化
教育課程是提供未來教師邁向教室的重要一步。學生變得更
知曉且敏感於他人的需求，並更能接受且敞開心靈關心種族

差異。本研究結果討論到職前師資培育可修改之方,以更能
幫助學生在日益不同的學生人口中成為有效的教學者。建議
的修改策略包括:增加與少數族群學生工作的實地經驗(field
experiences)、開放觀念與策略的討論廣場、邀請多種族的
來賓講者、及評閱多元文化的兒童文學作品(Lampe, 1994)。

　　但 Melnick 和 Zeichner(1995)的研究結果卻不如此樂
觀。他們發現,雖然所分析的教師個案能由未來教師的自陳
(self-reports)中證明其努力具立即影響,但未有可信服的
證據顯示這些策略對教師教學具長期影響(Melnick &
Zeichner, 1995)。

　　另有一些研究則評估職前教師(preservice teacher)及師
資培育者關於多元文化教育議題的知識。在 Taylor(1999b)
的一項研究中,有 78 位職前教師參與研究,填寫「多元文
化知識測驗」(Multicultural Knowledge Test),另有 45 位
同校的師資培育者完成此測驗。資料顯示職前教師與師資培
育者的多元文化知識階層有顯著差異,前者的多元文化知識
水準顯著低於平均,後者則剛好達到平均數。這表示職前教
師與師資培育者二者均有必要提昇多元文化知識水準。

　　Pickert 和 Chock(1997)則採質的分析法蒐集師資培育
者對文化差異者的個人經驗,以及他們心中多元文化教育之
特性。對所蒐集的資料加以詮釋後,他們發現受訪的師資培
育者持有美國主流文化之概念,他們認為文化之間因差異所

引起的衝突是不可避免的，但他們主張強調其文化的共同性
而非差異性，可緩和此種緊張關係。

　　同時，Pickert 和 Chock（1997）也檢視不適當的學校教
育對都市少數民族學生及漸減的少數民族教師之複雜性與
相互關連之議題。結果發現：教師愈來愈無能力與意願教導
不同於自己的學生，其結果，教師不恰當地影響少數民族學
生，使他們認為把教職當成終身職業不太容易。

　　Bainer（1991）也探討為何少數民族教師候選人如此之
少。結果找出一些因素：少數民族兒童及青少年在小學與中
學的低度教育（undereducation）、師資培育課程的起始或結
束時，能力測驗（competency tests）使用的增加、師資培育
課程的不平等——有偏見的課程教材及不平衡的課程內容、大
學教授無效率的教學、不同的文化背景及學習風格、跨種族
環境（cross-racial or cross-ethnic setting）中對教學的需求等，
這些因素共同影響少數族群學生擔任教職的數量。這些因
素，正與前述 Pickert 和 Chock（1997）的研究結果相呼應。
因此，Bainer（1991）建議：師資培育者應學習有效的多元
文化教學之技巧、提升學生成就、鼓勵少數民族學生發展雙
文化的（bicultural）教學技巧、評估並滿足少數民族教師候
選者的需求、發展並顯現多元文化教育的認知能力，藉以鼓
勵少數族群學生擔任教職的意願與能力。表 2-4 整理國內外
有關多元文化師資培育的研究。

表 2-4.

國內外多元文化師資培育之相關研究

研究者	研究方法	研究內容	研究結果
郭金水 (民85)	問卷調查	探討師院學生對現行師院課程實施多元文化教育之成效與改進措施之看法	1.師院現行課程目標與多元文化教育之實施成效：大多數受試學生同意應在師院各系的課程目標中強調本土觀與世界觀的學習。現行分散式課程在實施多元文化教育的成效上，普遍反映不佳，有待加強。 2.多元文化教育的加強措施與相關課程：應就課程規劃、教材教法及相關資訊設備三方面加以改進。
Ayres （1993）	參與觀察法、深入訪談法	瞭解七位小學教師對身為教師、面對不同學生之看法，及教學時採用的方法	1.有 3 位教師認為：教學就是關懷學生、提升其學業成就，以及促進學生社會能力之發展。 2.受訪教師所持觀點會影響其對學生及對自己的看法，即自己所採用的教學法。
Baptiste （1979）	討論研究法	發展多元文化師資培育學程	1.募集對多元文化主義的概念與策略見多識廣的教授，同時也由不同民族及種族團體所組成。 2.課程依照官方檢定的方針，且基於能力本位系統加以發展。 3.描述學生如何在學程中進展，並提供發展決策的哲學基礎。
Burcalow （1984）	實驗研究法、問卷調查法	師資培育者對教育均等、文化理解、個別發展、權力平等、雙語/雙文化教育等五個教育趨勢之覺知、同意程度及其他差異	1.即使在具備專業興趣與經驗的師資培育者之間，對多元文化教育的概念仍有差異。 2.甚少有教師具備必須的技能有效地將多元文化要素與其課程結合。

表 2-4.

國內外多元文化師資培育之相關研究（續 1）

研究者	研究方法	研究內容	研究結果
Campbell & Farrell. (1985)	調查法	調查被認定是成功的多元文化教育教師，他們認為師資培育中最重要的能力	1.人際關係技巧 2.多元文化技巧 3.個別化技巧 4.溝通技巧
Carpenter (2000)	檢視法、參與觀察法	檢視師資生對多元文化教育的反抗，與師資培育者的期望形成強烈對比	1.學生對於為何被要求上此課程答案不一。 2.師資培育者與實習教師在相關的目的及多元文化課程的預期結果上背道而馳。 3.滿足大部分學生的反抗的議題是挑戰他們未經檢視的個人主義的信念。
Cambronne (1993)	行動研究法	以一所小學中的全體教職人員為研究對象，以發展全校的多元文化教學信念	1.教師必須了解多元文化的教育內涵、基本的文化及種族差異性知識，才能瞭解學生的種族態度及價值觀，以發展不同的多元文化教學策略。 2.若教師能與行政人員有開放性的對話及溝通，教師於日常多元文化教學的研習活動能加以支持並提升其士氣，多元文化教學信念計畫才得以開展。
Dana & Floyd (1993)	個案研究法、參與觀察法	探討在職前師資培育課程上落實多元文化議題的可能性	1.與同儕討論個案，為職前教師提供機會檢視其信念、主觀價值及偏見並理解其如何影響對教與學的情境的知覺。 2.輪流方式可以提高對文化多樣性的敏銳度及文化多樣性如何轉譯到學校教育各個面向。

表 2-4.

國內外多元文化師資培育之相關研究（續 2）

研究者	研究方法	研究內容	研究結果
Edwards (1994)	問卷調查	比較不同地區三、四、五年級的教師對不同文化學生之態度，及其影響因素	1.二個地區的受試教師對不同文化皆持肯定的態度。 2.二個地區教師態度之差異未達顯著水準。 3.不同族群的教師，其態度之差異亦未達顯著水準。
Fry (1995)	問卷調查法	探討實習教師對多元文化教育概念的瞭解以及多元文化教育與社會科教學之關係	許多實習教師對多元文化的概念並不瞭解，並且認為多元文化教育等同於社會科，僅是將多元文化的概念融入於社會科教學中。
Gallavan (2000)	調查法	調查 24 位多元文化教育教學者在教導多元文化教育課程中所遇到的挑戰、衝突及因應策略	這些教師有共同的挑戰與衝突（例如：學生對特定議題的抗拒及憤怒），利用各種有效的因應技巧，並在此課程中經驗高比率的摩擦。
Gasbarro (1992)	問卷調查	紐澤西州一所都市學校的361 位教師對州政府多元文化教育目標的支持度，以及實施多元文化教育的程度	1.受試教師高度支持州政府的多元文化教育目標。 2.受試教師不常實施多元文化教育。 3.受試教師對多元文化教育目標的支持度與其實施多元文化教育之頻率有關。 4.族群、性別、任教年資、任教年級對教師的多元文化反應達顯著差異。 5.教育程度對教師多元文化反應未有顯著差異。

表 2-4.

國內外多元文化師資培育之相關研究（續3）

研究者	研究方法	研究內容	研究結果
Ghosh, & Tarrow (1993)	調查法	比較魁北克 McGill 大學與加州州立大學的師資培育者對多元文化教育之態度	1.兩校師資培育課程少有多元文化內容。 2.多元文化政策的發起人為教師而非行政人員。 3.仍有許多教師反抗多元文化。
Goodwin (1994)	問卷調查	探討實習教師對多元文化教育的目標、多元文化教育的措施執行	實習教師們對多元文化教育的概念並不清楚，並且對多元文化教育的內容感到困惑，因而對實施多元文化教育的前景不具信心。
Gordon (1992)	檢視法、觀察法	檢視城市中少數民族學童不恰當的學校教育以及少數民族教師的日益減少二者間的複雜性與相關性	1.教師變得較無能力與意願教導不同於自身的學生。 2.教師「不適當」促成有色人種的學生對教學專業意見低落，並因此使他們考慮以教學做為終身職業時有困難。 3.除了師資培育改革之外，更大的議題，包括經濟重構與社區態度均應考量在內。
Gunn (1994)	問卷調查法	探討200位在職及職前教師認為由多元文化觀點教學時教師應有的態度	1.教師對落實多元文化教育還未做好準備。 2.教師的在職訓練相當重要。 3.受試教師對多元文化教育的定義相當分歧。 4.師資培育過程中應舉辦研討會及講習，使教師具備多元文化能力以從事日後之教學。

表 2-4.

國內外多元文化師資培育之相關研究（續 4）

研究者	研究方法	研究內容	研究結果
Hasseler (1998)	檢視、調查法	小型私立學院如何在師資培育中滿足多元文化議題	1.少於一半的學系需要多元文化教育課程。 2.幾乎四分之三的學生將之統整於其他主題。 3.大部分受試依賴專業發展以學習多元文化主義。 4.有效的多元文化主義包括缺少少數民族教授；尋找專家缺少時間；缺少資金及缺少原住民學生。
Huh (1994)	問卷調查法	探討已實施多元文化教育二年的都市學校教師對多元文化目標是否支持、對學校實施多元文化教育的觀點、以及影響教師對多元文化教育觀點的變項	1.整體而言，受試教師的支持度有提升；但自我概念較低的，其態度較不易改變。 2.族群和性別，對教師支持多元文化教育而言是重要的變項。 3.除課程之外，學校文化的影響有限。 4.受試教師希望舉辦研討會，研究偏見和歧視的問題，並將多元文化融入到特定科目中。
Irwin (1988)	問卷調查	1.南亞伯達省小學教師對多元文化教育的態度 2.鄉村和都市的教師對多元文化教育之態度是否有差異 3.哪些變項會影響教師對多元文化教育的態度	1.鄉村和都市的小學教師對多元文化教育的態度無顯著差異。 2.受試教師相信多元文化教育與教育體系是有相關的，且普遍接受之。 3.受試教師不認為全省都應實施多元文化教育。 4.教師的年齡、教學年資、宗教信仰對多元文化之教育態度沒有顯著的影響。

表 2-4.

國內外多元文化師資培育之相關研究（續 5）

研究者	研究方法	研究內容	研究結果
Jairrels (1993)	問卷調查	阿拉巴馬州特教教師對多元文化能力的認知	1.不同種族之受試者，其認知有顯著差異。 2.性別、任教年資、特教任教年資、學生障礙程度、學校層級、是否持有執照、執照等級等因素，其受試教師之多元文化認知未有顯著差異。
Khoury (1989)	實驗法、訪談法	探討接受多元文化課程與否，在職及職前教師之多元文化教育觀是否有差別	1.實驗組（接受多元文化課程）將多元文化教育視為一種持續的過程；控制組（接受一般課程）將之視為一項計畫。 2.實驗組與控制組在問卷調查部分未達顯著差異。 3.兩組在個人訪談及開放式課程評鑑部分有明顯不同。
Kido (1993)	訪談法	探討十八位公私立學院院長的文化敏感性，藉此發展並建立多元文化敏感性模式	1.有七位校長及十個學程計畫仍是以優勢文化的觀點來發展多元文化教育。 2.有十一位院長及八個學程計畫反映出應以多元文化的觀點來看待及尊重文化的差異性。 3. 唯有學校行政人員與教師能自我反省、互相溝通及對話，多元文化教育的問題才可解決，如:釐清多元文化概念、發展多元文化課程、教學策略、教師的多元文化教學信念。

表 2-4.

國內外多元文化師資培育之相關研究（續 6）

研究者	研究方法	研究內容	研究結果
Lien (1999)	實驗研究法	檢視三所大學教與學多元文化教育在種族認識論之的證據並蒐集人種誌的資料，以瞭解職前教師對多元文化教育不同的回應	1.對多元文化師資培育的回應，須以職前教師對自身文化認同的觀點加以理解。 2.多元文化教育被視為替少數學生設計的教育，而未挑戰職前教師雙重的認識論世界，對職前教師的信念、價值與態度少有影響。 3.多元文化師資培育的落實包含職前教師文化認同的重構，在文化多樣性且尚未民主化的社會之中對自我與他人的關係重新形成概念。
Tran (1994)	調查法	探討受過多元文化教育課程的實習教師，在教學時面對不同文化背景的學生時所持有之態度	受過多元文化教育課程的實習教師，在實際教學時，比未受過多元文化教育課程之教師，較能表現出多元文化教育之態度。

第三章　研究設計

　　本研究參酌相關文獻，針對研究問題與目的，設計研究架構，並提出研究假設。茲就研究架構、研究假設、研究對象、研究工具、實施程序及資料處理等方面，分別加以說明。

第一節　研究架構

　　本研究主要在比較國內師資培育者、師資生及現職教師在多元文化觀點、多元文化教育觀念、以及多元文化課程內容看法之異同。主要的研究架構如圖 3-1。

　　本研究首先探討背景變項（性別、身份別、是否接觸原住民）以及是否修過多元文化相關課程（沒有或很少、修過一部份、修過大部分），其族群觀念（族群接觸、族群偏見、族群同化觀）是否存在差異；其次探討前述三變項（教師背景變項、是否修過相關課程、族群觀念）對個人之多元文化教育信念（多元文化教學觀念、多元文化教師責任、文化與教師期望）以及多元文化課程內涵（多元文化教學設計、教材及教師偏見自省）是否存在差異；其次探討背景變項、修課經驗、族群觀念與多元文化教育信念及多元文化課程內容重要性覺知的相關性；最後探討背景變項、修課經驗、族群觀念是否能有效預測多元文化教育信念及課程內容重要性之覺知。

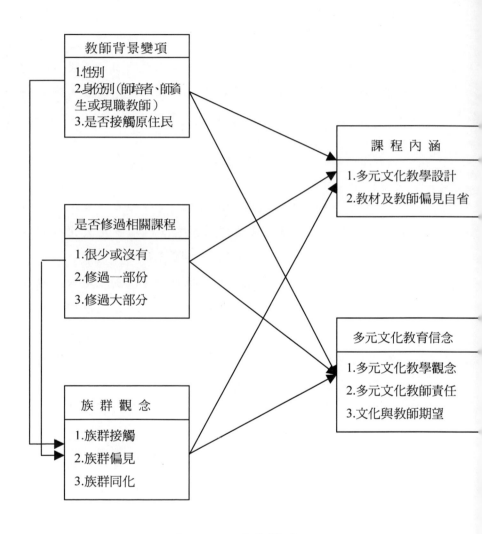

圖 3-1　研究架構圖

第二節　研究假設

本研究依研究目的，提出假設如下：

假設一：不同性別，其族群觀念有顯著差異。

　　1-1：不同性別，其族群接觸得分有顯著差異。

　　1-2：不同性別，其族群偏見得分有顯著差異。

　　1-3：不同性別，其族群同化觀得分有顯著差異。

　　1-4：不同性別，其族群觀念總分有顯著差異。

假設二：不同身份別，其族群觀念有顯著差異。

　　2-1：師資培育者、中小學現職教師與師資生間，
　　　　　其族群接觸得分有顯著差異。

　　2-2：師資培育者、中小學現職教師與師資生間，
　　　　　其族群偏見得分有顯著差異。

　　2-3：師資培育者、中小學現職教師與師資生間，
　　　　　其族群同化觀得分有顯著差異。

　　2-4：師資培育者、中小學現職教師與師資生間，
　　　　　其族群觀念總分有顯著差異。

假設三：是否曾接觸原住民，其族群觀念有顯著差異。

　　3-1：是否曾接觸原住民，其族群接觸得分有顯著差異。

　　3-2：是否曾接觸原住民，其族群偏見得分有顯著差異。

　　3-3：是否曾接觸原住民，其族群同化觀得分有顯著差
　　　　　異。

3-4：是否曾接觸原住民，其族群觀念總分有顯著差異。

假設四：是否修過多元文化相關課程，其族群觀念有顯著差異。

4-1：是否修過多元文化相關課程，其族群接觸得分有顯著差異。

4-2：是否修過多元文化相關課程，其族群偏見得分有顯著差異。

4-3：是否修過多元文化相關課程，其族群同化觀得分有顯著差異。

4-4：是否修過多元文化相關課程，其族群觀念總分有顯著差異。

假設五：不同性別，其多元文化教育信念有顯著差異。

5-1：不同性別，其多元文化教學觀念有顯著差異。

5-2：不同性別，對多元文化教師責任的看法有顯著差異。

5-3：不同性別，對文化與教師期望關係的看法有顯著差異。

5-4：不同性別，其多元文化教育信念總分有顯著差異。

假設六：不同身份別，其多元文化教育信念有顯著差異。

6-1：不同身份別，其多元文化教學觀念有顯著差異。

6-2：不同身份別，對多元文化教師責任的看法有
　　顯著差異。

6-3：不同身份別，對文化與教師期望關係的看法
　　有顯著差異。

6-4：不同身份別，其多元文化教育信念總分有顯
　　著差異。

假設七：是否接觸原住民，其多元文化教育信念有顯著
　　　　差異。

7-1：是否接觸原住民，其多元文化教學觀念有顯
　　著差異。

7-2：是否接觸原住民，對多元文化教師責任的看
　　法有顯著差異。

7-3：是否接觸原住民，對文化與教師期望關係的
　　看法有顯著差異。

7-4：是否接觸原住民，其多元文化教育信念總分
　　有顯著差異。

假設八：是否修過多元文化相關課程，其多元文化教育
　　　　信念有顯著差異。

8-1：是否修過多元文化相關課程，其多元文化教
　　學觀念有顯著差異。

8-2：是否修過多元文化相關課程，對多元文化教
　　師責任的看法有顯著差異。

8-3：是否修過多元文化相關課程，對文化與教師
　　期望關係的看法有顯著差異。

8-4：是否修過多元文化相關課程，其多元文化教
　　育信念總分有顯著差異。

假設九：族群觀念得分之不同，其多元文化教育信念有
　　　顯著差異。

9-1：族群觀念得分之不同，其多元文化教學觀念
　　有顯著差異。

9-2：族群觀念得分之不同，對多元文化教師責任
　　的看法有顯著差異。

9-3：族群觀念得分之不同，對文化與教師期望關
　　係的看法有顯著差異。

9-4：族群觀念得分之不同，其多元文化教育信念
　　總分有顯著差異。

假設十：不同性別，對多元文化課程內涵重要性之覺知
　　　有顯著差異。

10-1：不同性別，對多元文化教學設計課程內涵重
　　　要性之覺知有顯著差異。

10-2：不同性別，對多元文化教材及教師偏見自省
　　　課程內涵重要性之覺知有顯著差異。

10-3：不同性別，對多元文化課程內涵重要性覺知
　　　之總分有顯著差異。

假設十一：不同身份別，對多元文化課程內涵重要性之
覺知有顯著差異。

11-1：不同身份別，對多元文化教學設計課程內涵
重要性之覺知有顯著差異。

11-2：不同身份別，對多元文化教材及教師偏見自
省課程內涵重要性之覺知有顯著差異。

11-3：不同身份別，對多元文化課程內涵重要性覺
知之總分有顯著差異。

假設十二：是否接觸原住民，對多元文化課程內涵重要
性之覺知有顯著差異。

12-1：是否接觸原住民，對多元文化教學設計課程
內涵重要性之覺知有顯著差異。

12-2：是否接觸原住民，對多元文化教材及教師偏
見自省課程內涵重要性之覺知有顯著差異。

12-3：是否接觸原住民，對多元文化課程內涵重要
性覺知之總分有顯著差異。

假設十三：是否修過多元文化相關課程，對多元文化課
程內涵重要性之覺知有顯著差異。

13-1：是否修過多元文化相關課程，對多元文化教
學設計課程內涵重要性之覺知有顯著差異。

13-2：是否修過多元文化相關課程，對多元文化教
材及教師偏見自省課程內涵重要性之覺知有

顯著差異。

13-3：是否修過多元文化相關課程，對多元文化課程內涵重要性覺知之總分有顯著差異。

假設十四：族群觀念得分之不同，對多元文化課程內涵重要性之覺知有顯著差異。

14-1：族群觀念得分之不同，對多元文化教學設計課程內涵重要性之覺知有顯著差異。

14-2：族群觀念得分之不同，對多元文化教材及教師偏見自省課程內涵重要性之覺知有顯著差異。

14-3：族群觀念得分之不同，對多元文化課程內涵重要性覺知之總分有顯著差異。

假設十五：教師背景變項（性別、身份別、是否接觸原住民）、是否修過相關課程、以及其族群觀念，與其多元文化教育信念及多元文化課程內涵重要性之覺知具顯著相關。

假設十六：教師背景變項（性別、身份別、是否接觸原住民）、是否修過相關課程、以及其族群觀念，可有效預測其多元文化教育信念。

假設十七：教師背景變項（性別、身份別、是否接觸原住民）、是否修過相關課程、以及其族群觀念，可有效預測其多元文化課程內涵重要性之覺知。

第三節　研究對象

　　本研究依研究目的，選取師資培育機構教師、現職中小學教師，以及師資培育機構之師資生為問卷施測對象。取樣方式採立意抽樣，在師資培育者與師資生方面，以師範大學及師範學院為取樣範圍，共計師資培育者部分發出問卷 50 份，回收問卷 31 份，回收率 62%；師資生部分發出問卷 190 份，回收問卷 119 份，回收率 62.6%；中小學現職教師共發出問卷 120 份，回收問卷 104 份，回收率 86.7%。總計發出問卷 360 份，回收 254 份，整體問卷回收率為 70.6%。研究樣本的各項類別分析請參見表 3-1。

表 3-1.

研究樣本資料分析表

項目	類別	人數	百分比（%）
性別	1.男	98	38.5
	2.女	156	61.5
身份別	1.師範校院教師	31	12.2
	2.中小學教師	104	40.9
	3.師資生	119	46.9
與原住民接觸經驗	有	201	80.1
	無	50	19.9
籍貫	本省	191	75.5
	外省	32	12.6
	客家	14	5.5
	原住民	9	3.6
	其他	7	2.8
多元文化修課經驗	很少或沒有	145	57.1
	修過一部份	62	24.4
	修過大部分	47	18.5

第四節　研究工具

　　本研究參酌國內學者江雪齡（民 86）翻譯、修改 Zeigler
（1981）設計的問卷，編製而成的「社會多元文化觀」問卷，
國外學者 Henry（1986）設計的「多元文化知覺檢核表」，
Moore 和 Reeves-Kazelskis（1992）設計的「多元文化教育概
念調查表」，以及 Pohan 和 Aguilare（2001）編製的「個人
多元文化信念量表」及「多元文化專業信念量表」，發展為
「多元文化信念問卷」。本問卷共分四大部分，第一部份為
填答者的基本資料；第二部分為族群關係信念，藉以瞭解填
答者本身的族群觀念；第三部分為多元文化教育信念，藉以
瞭解填答者對多元文化教育的看法；第四部分為多元文化教
育課程內容，藉以瞭解填答者在接受或實施師資培育的過程
中，是否曾接觸此類課程，以及在實際任教的經驗中，這些
課程是否有其重要性。以下將描述問卷的信度、效度以及計
分方式。

一、問卷內容

　　（一）基本資料：包含填答者的性別、身份別（師資培
育者、中小學教師、師資生）、籍貫、與原住民接觸經驗等。

（二）族群觀念：包含族群接觸、族群偏見、以及族群同化觀等三個向度，共計 23 題。預試後先進行項目分析，刪除決斷值不顯著的三題；再進行因素分析，刪除因素負荷量較小的五題，正式問卷共計 15 題。各題之決斷值請參閱附錄 2-1，各向度因素分析結果，請參閱附錄 3-1。

（三）多元文化教育信念：此部分包含教師之多元文化教學觀念、多元文化之教師責任、以及文化與教師期望三向度，共計 30 題。預試後先進行項目分析，刪除決斷值不顯著的三題；再進行因素分析，刪除因素負荷量較小的七題，正式問卷共計 20 題。各題之決斷值請參閱附錄 2-2，各向度因素分析結果，請參閱附錄 3-2。

（四）多元文化教育的課程內容：此部分包含兩個向度：一為能考量文化差異之教學設計，一為對教材及自身偏見之自覺，共計 20 題。預試後經項目分析及因素分析，未刪除題目。各題之決斷值請參閱附錄 2-3，各向度因素分析結果，請參閱附錄 3-3。

二、信度分析

　　本問卷信度採內部一致性分析，以 Cronbach's α 係數為信度。在族群觀念上，總量表信度為.7641，各向度中，族群接觸分量表之信度為.7418，族群偏見分量表之信度為.7333，族群同化觀分量表之信度為.7427。

　　在多元文化教育信念上，總量表信度為.8132，各向度中，教師之多元文化教學觀念分量表之信度為.8105，多元文化之教師責任分量表之信度為.8237，文化與教師期望分量表之信度為.6965。

　　在多元文化教育的課程內容上，總量表信度為.9522，各向度中，能考量文化差異之教學設計分量表之信度為.9390，對教材及自身偏見之自覺分量表之信度為.8782。

三、效度分析

　　本問卷經預試後，採主成分分析法（principal components analysis），以最大變異法（varimax）經正交轉軸作因素分析，所得的結果，發現族群觀念量表上，共可分成三個因素，與本研究之建構理論相符合。其中，「族群接觸」向度共 5 題，「族群偏見」向度共 6 題，「族群同化觀」向度共 4 題。這三個因素所解釋的總變異量達 46.13%。

在多元文化教育信念的量表上，因素分析結果亦可分為三個因素，與本研究之建構理論符合。其中，「教師之多元文化教學觀念」共8題，「多元文化之教師責任」共6題，「文化與教師期望」共6題。這三個因素所解釋的總變異量達50.92%。

在多元文化教育的課程內容上，因素分析結果可分為兩個因素，與本研究之建構理論符合。其中，「考量文化差異之教學設計」共12題，「對教材及自身偏見自覺」共7題。這兩個因素的所解釋的總變異量達60.68%。由上述可見本問卷具相當程度的建構效度。

四、問卷之填答及計分方式

本問卷除基本資料外，其餘均採李克特式（Likert）五點量表，「族群觀念」及「多元文化教育信念」兩量表均從「非常同意」到「非常不同意」分五個等級，「多元文化教育課程內容」量表則由「非常重要」到「非常不重要」亦分為五個等級。

計分上，「族群觀念」量表中，預試問卷第6、8、11、12、13、14、16、17、18、19、20、22、25、26、27、28題採反向計分，填答「非常同意」者給1分，「同意」者給2分，「普通」者給3分，「不同意」者給4分，「非常不同

意」者給 5 分；餘第 7、9、10、15、21、23、24 題採正向計分。分數愈高，代表「族群觀念」愈正確。

「多元文化教育信念」量表中，預試問卷第 29、34、35、36、37、42、44、47、48、50、52、56、57、58 題採反向計分，填答「非常同意」者給 1 分，「同意」者給 2 分，「普通」者給 3 分，「不同意」者給 4 分，「非常不同意」者給 5 分；餘第 30、31、32、33、38、39、40、41、43、45、46、49、51、53、54、55 題採正向計分。分數愈高，代表「多元文化教育信念」愈高。

「多元文化教育課程內容」量表，預試問卷由第 59 題至第 78 題，均採正向計分，填答「非常重要」者給 5 分，「重要」者給 4 分，「普通」者給 3 分，「不重要」者給 2 分，「非常不重要」者給 1 分。分數愈高，代表受試者認為此課程之重要性愈高。

第五節　實施程序

　　本研究的研究程序主要分為三個階段，分別為準備期、執行期與完成期，每期的工作要項分述如下：

一、準備期

　　（一）確定研究的主題：
　　廣泛閱讀相關資料，確定研究方向及研究主題，以訂定本研究題目。

　　（二）蒐集與閱讀文獻資料
　　經由「教育資料與訊息中心光碟」（Educational Resources Information Center, ERIC）、「博碩士論文光碟」（Dissertation Abstracts Ondisk, DAO）、「一般期刊光碟索引」（General Periodical Ondisk, GPO）、及國家圖書館「全國博碩士論文索引」，廣泛蒐集相關文獻，並加以研讀分析、整理歸納，作為本研究的理論基礎。

（三）擬定研究計劃

　　以各項相關文獻為研究基礎，擬定研究計劃，建立研究架構。

二、執行期

（一）編製研究工具

　　研究者根據研究目的與問題，參酌國內外之相關研究，初步編擬出本研究之問卷。

（二）問卷預試

　　問卷初稿完成後即進行預試，預試問卷回收後，及編碼輸入電腦，進行項目分析及信度、效度考驗，作為編訂正式問卷之依據。

（三）正式施測

（四）整理問卷資料

　　正式問卷回收後，即著手原始資料輸入電腦，進行統計分析，驗證研究假設，並著手撰寫研究結果。

三、統整期

此期的主要工作是歸納資料、撰寫與修改論文初稿，最後做反覆研讀修正，完成正式論文。

第六節 資料處理與分析

本研究於正式問卷施測完成後，將原始資料予以登錄，再依研究假設，利用統計套裝軟體 SAS 10.0 版進行統計處理與分析。主要的統計方法如下：

一、以平均數、標準差等方式描述受試者在各量表之得分情形。

二、以單因子多變量變異數分析（one-way MANOVA）考驗假設一至假設十四，若多變量分析達顯著差異時，以 t 考驗（t-test）及單因子變異數分析（one-way ANOVA）進行單變量分析。最後，針對單變量分析結果達顯著差異的層面，進行薛費法（Scheffe）事後比較。

三、以典型相關分析（Canonical Correlation Analysis）考驗
　　假設十五，探討各自變項（個人背景變項、修課經驗、
　　族群觀念）與多元文化教育信念、多元文化課程內容兩
　　依變項之間的相關。

四、以逐步多元迴歸（Stepwise Multiple Regression）考驗假
　　設十六與假設十七，分別探討各自變項（個人背景變
　　項、修課經驗、族群觀念）對受試者多元文化教育信念
　　以及其多元文化課程內容之預測情形。

師資培育中的多元文化教育

第四章　結果與討論

　　本章依據前述研究方法與設計，將問卷調查所得資料整理後，分析其結果並加以討論。本章共分為五節：第一節旨在分析個人背景變項及修課經驗在族群觀念上是否有差異；第二節在探討個人背景變項、修課經驗以及族群觀念之異同，對多元文化教學觀念是否有差異；第三節則探討個人背景變項、修課經驗以及族群觀念之異同，對多元文化課程內容重要性之覺知是否有差異；第四節則分析個人背景變項、修課經驗及族群觀念，對於多元文化教學觀念、多元文化課程內容重要性是否具相關，並探討個人背景變項、修課經驗及族群觀念，能否有效預測多元文化教學觀念及對多元文化課程內容重要性之覺知；第五節則針對分析結果進行綜合討論。

第一節　受試者族群觀念之分析

　　本節分析受試者的個人背景資料（性別、身份別、是否接觸過原住民）及修課經驗（是否修過多元文化相關課程），

在族群觀念上是否有差異。

一、個人背景變項在族群觀念上的差異情形

本部份分析個人性別、身份別（師資培育者、中小學現職教師、師資生）、及是否接觸原住民，在族群觀念（族群接觸、族群偏見、族群同化觀、族群觀念總分）得分之差異情形。

（一）性別在族群觀念上的差異情形

本研究採多變量變異數分析，探討不同性別在族群觀念（族群接觸、族群偏見、族群同化觀、族群觀念總分）上的差異情形，其結果請參見表4-1。

由表4-1可知，不同性別的受試者，在族群觀念上具顯著差異（λ=.9296, p<.01）。從單變量的分析可知，除了族群接觸層面未達顯著水準外，其餘族群偏見、族群同化觀、以及族群觀念總分上，均達顯著水準，這也支持本研究之假設1-2、假設1-3、及假設1-4。由表4-1的平均數中可知，女性在族群偏見、族群同化觀、及族群觀念總分的得分均較男性高。這顯示女性的族群觀念高於男性。

表 4-1.

不同性別在族群觀念得分之多變量變異數分析摘要表

層面名稱 性別	族群接觸	族群偏見	族群同化觀	族群觀念 總分
男 **M（SD）**	21.17 (3.75)	17.04 (3.22)	15.51 (3.34)	53.72 (8.27)
女 **M（SD）**	21.89 (3.22)	17.73 (2.89)	17.36 (3.15)	56.97 (6.73)
Wilks' λ	.9296***			
t 值	-1.87	-2.17*	-4.52***	-3.00**

*p<.05　**p<.01　***p<.001

（二）身份別在族群觀念上的差異情形

本研究採多變量變異數分析，探討不同身分別（師資培育者、中小學教師、師資生）在族群觀念（族群接觸、族群偏見、族群同化觀、族群觀念總分）上的差異情形，其結果請參見表 4-2。

由表 4-2 可知，不同身份別的受試者，在族群觀念上具顯著差異（λ =. 7812, p<.001）。從單變量的分析可知，在族群接觸、族群偏見、族群同化觀、以及族群觀念總分上，均

達顯著水準，這也支持本研究之假設 2-1、假設 2-2、假設 2-3、及假設 2-4。由 Scheffe 法事後比較可知，在族群接觸層面上，師資培育者得分高於師資生，中小學教師得分亦高於師資生；在族群偏見層面上，師資培育者得分高於中小學教師；在族群同化觀上，師資培育者得分高於中小學教師，也高於師資生，同時，師資生的得分亦高於中小學教師；最後，在族群觀念整體總分上，師資培育者的得分高於中小學教師與師資生。這顯示由受試者的身份別分析其族群觀念，結果發現，師資培育者對於與不同族群接觸有較正面的態度及感受，同時，也較沒有族群偏見，對於不同族群或文化，能有較寬容的心胸，不會只強調文化間的相同面。整體而言，師資培育者在族群觀念的得分最高，頗符合吾人的期待；師資生的整體得分次之，有實際中小學任教經驗的現職教師在此方面的得分最弱，可見中小學教師的族群觀念有待提升。

（三）原住民接觸經驗在族群觀念上的差異情形

本研究採多變量變異數分析，探討是否有過原住民接觸經驗，在族群觀念（族群接觸、族群偏見、族群同化觀、族群觀念總分）上的差異情形，其結果請參見表 4-3。

由表 4-3 可知，原住民接觸經驗的有無，在族群觀念上具顯著差異（$\lambda = .9332$, $p < .01$）。從單變量的 t 考驗分析可知，

除了族群同化觀未達顯著水準外，其餘族群接觸、族群偏見、以及族群觀念總分上，均達顯著水準，這也支持本研究之假設 3-1、假設 3-2、及假設 3-4。由表 4-3 的平均數中可知，曾有過原住民接觸經驗者，在族群接觸、族群偏見、及族群觀念的整體得分均較未曾有過接觸經驗者高。或許因為接觸過原住民，相較之下，與異文化相處的經歷較多，較不會有不自在或不愉快的感受；同時，有過實際的接觸，較不易受到固有偏見的影響。當然，也或許原住民文化本身與漢文化之間仍有許多相同點，因此即使有過原住民接觸經驗，卻未曾在文化的相同或相異觀點上有顯著差異。

二、是否修過多元文化相關課程在族群觀念上的差異情形

本部分旨在了解除了個人背景變項之外，其學習經驗，亦即，受試者修習多元文化教育課程之經驗，對其族群觀念是否有所影響。

此部分仍採多變量變異數分析進行探究，若達顯著水準時，則以單變量變異數分析法，探討在族群觀念哪些層面上有顯著差異，並以 Scheffe 法進行事後比較。其結果請參見表 4-4。

　　由表 4-4 中可知，對於多元文化教育課程不同的修課經驗（修過很少或沒有、修過一部分、修過大部分），在族群觀念上具顯著差異（ λ =. 9002, p<.001）。從單變量變異數分析可知，在族群接觸層面以及族群觀念總分上，其差異達顯著水準，這也支持本研究之假設 4-1 及假設 4-4。由 Scheffe 事後比較可知，在族群接觸方面，修過大部分課程者，其得分較修過一部分課程者、以及修過很少或沒有修過此類課程者之得分為高；在族群觀念整體總分上，修過大部分課程者，其得分亦較修過很少或沒有修過此類課程者之得分為高。這顯示多元文化相關課程的提供，對受試者的族群觀念有正面的影響。

表 4-2.

不同身份別在族群觀念得分之多變量變異數分析摘要表

層面名稱 / 身份別	族群接觸	族群偏見	族群同化觀	族群觀念總分
師資培育者 M （SD）	23.57 (2.66)	19.05 (2.65)	19.14 (3.37)	61.76 (5.71)
中小學教師 M （SD）	22.56 (3.39)	16.83 (3.27)	15.93 (2.91)	55.33 (7.58)
師資生　 M （SD）	20.57 (3.24)	17.74 (2.77)	16.95 (3.41)	55.26 (7.23)
Wilks' λ	.7812***			
單變量 F 值	13.43***	5.49**	8.88***	7.59***
事後比較	1>3, 2>3	1>2	1>2, 1>3, 3>2	1>2, 1>3

**p<.01　***p<.001

表 4-3.

原住民接觸經驗在族群觀念得分之多變量變異數分析摘要表

層面名稱 接觸經驗	族群接觸	族群偏見	族群同化觀	族群觀念總分
曾有接觸經驗 M（SD）	21.85 (3.47)	17.87 (2.85)	16.87 (3.17)	56.59 (7.10)
未有接觸經驗 M（SD）	20.73 (3.13)	15.98 (3.31)	16.11 (3.96)	52.82 (8.25)
Wilks'λ	.9332**			
t 值	2.07*	3.27**	1.13	2.79**

*p<.05　**p<.01

表 4-4.

不同修課經驗在族群觀念得分之多變量變異數分析摘要表

層面名稱 修課經驗	族群接觸	族群偏見	族群同化觀	族群觀念總分
修課很少或沒有 M（SD）	20.98 (3.20)	17.26 (3.09)	16.40 (3.42)	54.64 (7.56)
修過一部分　M（SD）	21.75 (2.98)	17.49 (2.69)	17.18 (2.99)	56.42 (5.85)
修過大部分　M（SD）	23.82 (3.90)	18.29 (3.16)	17.21 (3.41)	59.32 (8.04)
Wilks'λ	.9002***			
單變量F 值	11.15***	1.73	1.56	6.34***
事後比較	3>2, 3>1			3>1

**p<.01　***p<.001

第二節　受試者多元文化教育信念之分析

　　本節分析受試者的個人背景變項（性別、身份別、是否接觸過原住民）、修課經驗（是否修過多元文化相關課程）、及族群觀念，在多元文化教育信念上的得分是否有差異。

一、個人背景變項在多元文化教育信念上的差異情形

　　本部份分析個人性別、身份別（師資培育者、中小學現職教師、師資生）、及是否接觸原住民，在多元文化教育信念（多元文化教學觀、多元文化教師責任、文化與教師期望、多元文化教育信念總分）得分之差異情形。

　　（一）性別在多元文化教育信念上的差異情形

　　本研究採多變量變異數分析，探討不同性別在多元文化教育信念（多元文化教學觀、多元文化教師責任、文化與教師期望、多元文化教育信念總分）上的差異情形，其結果請參見表4-5。

　　由表4-5中可知，不同性別在多元文化教育信念各層面的得分達顯著差異（ $\lambda =. 9447, p<.01$ ）。從單變量的 t 考驗分

析可知，不同性別的受試者，在多元文化教學觀以及多元文化教育信念總分達顯著水準。此結果支持本研究之假設 5-1 及假設 5-4。由表 4-5 的平均數中可知，女性在多元文化教學觀以及多元文化教育信念總分較男性高。至於多元文化的教師責任以及文化與教師期望二層面，則男女之間無顯著差異。

表 4-5.

不同性別在多元文化教育信念得分之多變量變異數分析摘要表

層面名稱 性別	多元文化 教學觀	教師責任	文化與 教師期望	多元文化教育 信念總分
男 M （SD）	28.43 (5.66)	23.08 (3.31)	21.25 (3.62)	72.77 (8.14)
女 M （SD）	30.76 (4.01)	23.45 (3.13)	21.29 (3.12)	75.51 (7.28)
Wilks' λ	.9447**			
t 值	- 3.54***	-1.04	-0.09	-2.39*

*p<.05　**p<.01　***p<.001

師資培育中的多元文化教育

（二）身份別在多元文化教育信念上的差異情形

本研究採多變量變異數分析，探討不同身份別（師資培育者、中小學教師、師資生）在多元文化教育信念（多元文化教學觀、多元文化教師責任、文化與教師期望、多元文化教育信念總分）上的差異情形，其結果請參見表4-6。

由表4-6可知，不同身份別的受試者，在多元文化教育信念上具顯著差異（$\lambda = .8148$, p<.001）。從單變量的分析可知，在多元文化教學觀、多元文化教師責任、文化與教師期望、多元文化教育信念總分上，均達顯著水準，這也支持本研究之假設6-1、假設6-2、假設6-3、及假設6-4。由Scheffe法事後比較可知，無論在多元文化教學觀、在文化與教師期望、以及在多元文化教育信念整體得分上，師資培育者得分均高於師資生，亦高於中小學教師。這顯示師資培育者比起中小學現職教師以及師資生而言，對於多元文化教學持有較正確的理念，同時，也較能理解文化差異對教師期望之影響。整體而言，師資培育者在多元文化教育信念的得分最高，至於中小學教師及師資生則仍有提升的空間。

（三）原住民接觸經驗在多元文化教育信念上的差異情形

本研究採多變量變異數分析，探討是否有過原住民接觸經驗，在多元文化教育信念（多元文化教學觀、多元文化教師責任、文化與教師期望、多元文化教育信念總分）上的差異情形，其結果請參見表 4-7。

由表 4-7 可知，原住民接觸經驗的有無，在多元文化教育信念上之差異未達顯著差異（ $\lambda = .9792$ ）。此結果顯示本研究之假設 7-1、假設 7-2、假設 7-3、及假設 7-4 均未獲支持。這可能表示原住民接觸經驗的有無，並非影響個人多元文化教育信念的重要因素。

二、是否修過多元文化相關課程在多元文化教育信念上的差異情形

本部分旨在了解除了個人背景變項之外，其學習經驗，亦即，受試者修習多元文化教育課程之經驗，對其多元文化教育信念是否有所影響。

此部分仍採多變量變異數分析進行探究，若達顯著水準時，則以單變量變異數分析法，探討在族群觀念哪些層面上有顯著差異，並以 Scheffe 法進行事後比較。其結果請參見表 4-8。

由表 4-8 中可知，對於多元文化教育課程不同的修課經
驗（修過很少或沒有、修過一部分、修過大部分），在多元
文化教育信念上具顯著差異（λ =. 9355, p<.05）。從單變量變
異數分析可知，在文化與教師期望層面以及多元文化教育信
念總分上，其差異達顯著水準，此結果支持本研究之假設 8-3
及假設 8-4。由 Scheffe 事後比較可知，在在文化與教師期望
層面以及多元文化教育信念總分上，修過大部分課程者，其
得分較修過很少或沒有修過此類課程者之得分為高。這顯示
多元文化相關課程的提供，對受試者的多元文化教育信念、
以及對於文化與教師期望之間的關係有正面的影響。

表 4-6.
不同身份別在多元文化教育信念得分之多變量變異數分析摘要表

層面名稱 \\ 身份別	多元文化教學觀	教師責任	文化與教師期望	多元文化教育信念總分
師資培育者 M（SD）	34.43(4.34)	24.95(3.19)	24.33(3.90)	83.71(9.56)
中小學教師 M（SD）	29.35(4.88)	23.59(3.22)	21.46(3.05)	74.39(7.23)
師資生　　 M（SD）	29.61(4.38)	22.76(3.04)	20.53(3.07)	72.91(7.07)
Wilks'λ	.8148***			
單變量F 值	11.07***	4.92**	13.13***	18.82***
事後比較	1>2, 1>3	1>2, 1>3	1>2, 1>3	

**p<.01　***p<.001

表 4-7.

原住民接觸經驗在多元文化教育信念得分之多變量變異數分析摘要表

層面名稱 / 接觸經驗	多元文化教學觀	教師責任	文化與教師期望	多元文化教育信念總分
曾有接觸經驗 M (SD)	30.16 (4.47)	23.27 (3.21)	21.37 (3.39)	74.80 (7.88)
未有接觸經驗 M (SD)	28.84 (5.93)	23.62 (3.19)	21.07 (2.93)	73.53 (8.34)
Wilks' λ	.9792			
t 值	1.49	- .19	0.37	0.92

表 4-8.

不同修課經驗在多元文化教育信念得分之多變量變異數分析摘要表

層面名稱 / 修課經驗	多元文化教學觀	教師責任	文化與教師期望	多元文化教育信念總分
修過很少或沒有 M (SD)	29.33 (5.06)	23.11 (3.07)	20.87 (3.23)	73.30 (7.56)
修過一部分 M (SD)	30.29 (3.48)	23.02 (3.08)	21.17 (2.92)	74.48 (6.32)
修過大部分 M (SD)	31.16 (5.12)	24.33 (3.52)	22.65 (3.61)	78.14 (9.79)
Wilks' λ	.9355***			
單變量 F 值	2.65	2.71*	4.92**	6.27**
事後比較		3>1	3>1	

*p<.05   **p<.01

三、族群觀念在多元文化教育信念上的差異情形

　　本部分旨在了解除了個人的族群觀念對其多元文化教育信念是否有所影響。分析之前，先將所有受試者依族群觀念總分劃分為低分組、中分組與高分組三組，再進行多變量變異數分析。其結果請參見表 4-9。

表 4-9.
族群觀念在多元文化教育信念得分之多變量變異數分析摘要表

族群觀念　　　層面名稱	多元文化教學觀	教師責任	文化與教師期望	多元文化教育信念總分
低分組 **M（SD）**	26.13 (7.42)	24.40 (2.50)	22.07 (3.33)	72.60 (5.59)
中分組 **M（SD）**	28.71 (4.05)	22.75 (3.05)	20.79 (2.98)	72.25 (6.85)
高分組 **M（SD）**	32.61 (4.05)	24.06 (3.36)	21.95 (3.68)	78.62 (8.47)
Wilks'λ	.7773***			
單變量**F** 值	26.07***	5.31**	3.61*	18.95***
事後比較	3>1,3>2,2>1	3>1,3>2, 1>2	3>2	3>1,3>2

*p<.05　　**p<.01　　***p<.001

　　由表 4-9 可知，族群觀念得分之高低，對其多元文化教育信念有顯著差異（ $\lambda =.7773, p<.001$ ）。針對多元文化教育信念各層面進行單變量變異數分析，結果發現，無論在多元文化教學觀、多元文化教師責任、文化與教師期望、或多元文化教育信念總分上，其差異均達顯著水準，此結果亦支持假設 9-1、假設 9-2、假設 9-3、及假設 9-4。由 Scheffe 事後比較可知，在多元文化教學觀上，族群觀念高分組的得分高於中分組及低分組，而中分組的得分亦高於低分組。這顯示族群觀念得分愈高者，其多元文化教學觀念得分亦高。其次在多元文化教師責任上，族群觀念高分組的得分高於中分組及低分組，顯示族群觀念高分者，較能理解教師在多元文化教育上的責任，明白提供不同的文化及相關活動，是教師的責任。而在文化與教師期望方面，高分組的得分高於中分組，但中分組與低分組之間的差異未達顯著水準。這顯示族群觀念得分較高者，能明確知曉文化對教師期望之影響。最後，在多元文化教育信念的整體得分上，族群觀念高分組的得分高於中分組及低分組。這顯示族群觀念得分愈高者，其多元文化教育信念得分亦愈高

第三節　受試者對多元文化課程內容重要性之分析

本節旨在探討受試者背景變項（性別、身份別、是否接觸原住民）、修課經驗、以及族群觀念，對多元文化課程內容（多元文化教學設計、對自身及教材偏見之自省）重要性之覺知是否有差異。

一、個人背景變項在多元文化課程內容得分上的差異情形

（一）性別在多元文化課程內容得分上的差異情形

本研究採多變量變異數分析，探討不同性別在多元文化課程內容（多元文化教學設計、教材及教師自身偏見自省、以及多元文化課程內容總分）重要性覺知上的差異情形，其結果請參見表4-14。

由表 4-10 中可知，不同性別在多元文化課程內容各層面的得分未達顯著差異（$\lambda = .9762$, p>.05），可見男女受試者在多元文化課程內容重要性的覺知上，並無明顯差異。此結果並未支持本研究之假設 10-1、假設 10-2、及假設 10-3。

（二）身份別在多元文化教育信念上的差異情形

　　本研究採多變量變異數分析，探討不同身份別（師資培育者、中小學教師、師資生）在多元文化課程內容上的差異情形，其結果請參見表4-11。

　　由表 4-11 可知，不同身份別的受試者，在多元文化課程內容上具顯著差異（λ=.9083，p<.001）。從單變量的分析可知，在多元文化教學設計、教材及教師偏見自省、以及多元文化課程內容總分各層面，其差異均達顯著水準，這也支持本研究之假設 11-1、假設 11-2、假設 11-3、及假設 11-4。由 Scheffe 法事後比較可知，在多元文化教學設計的內容方面，師資培育者所覺知之重要性高於師資生；在教材及教師偏見自省層面上，以及在多元文化課程內容整體得分上，師資培育者得分均高於師資生，亦高於中小學教師。這顯示師資培育者相對於師資生而言，對多元文化教學設計相關課程內容之重要性有較深的覺知；同時相對於中小學教師以及師資生而言，師資培育者對多元文化的課程內容、對偏見自省之相關內容，所感受的重要性亦較高。

　　（三）原住民接觸經驗在多元文化教育信念上的差異情形
　　本研究採多變量變異數分析，探討是否有過原住民接觸經驗，在多元文化課程內容上的差異情形，其結果請參見表4-12。

　　由表 4-12 可知，原住民接觸經驗的有無，在多元文化

課程內容上之差異未達顯著差異（$\lambda =. 9979, p>.05$）。此結果顯示本研究之假設 12-1、假設 12-2、及假設 12-3 均未獲支持。這可能表示原住民接觸經驗的有無，並非影響個人多元文化課程內容觀感的重要因素。

二、是否修過多元文化相關課程在多元文化教育信念上的差異情形

　　本部分旨在了解除了個人背景變項之外，其學習經驗，亦即，受試者修習多元文化教育課程之經驗，對其多元文化課程內容之覺知是否有所影響。

　　此部分仍採多變量變異數分析進行探究，若達顯著水準時，則以單變量變異數分析法，探討在課程內容哪些層面上有顯著差異，並以 Scheffe 法進行事後比較。其結果請參見表 4-13。

　　由表 4-13 中可知，對於多元文化教育課程不同的修課經驗（修過很少或沒有、修過一部分、修過大部分），在多元文化課程內容重要性的覺知上具顯著差異（$\lambda =. 9455, p<.05$）。從單變量變異數分析可知，在多元文化教學設計層面、教材及教師偏見自省層面、以及多元文化課程內容總分上，其差異均達顯著水準，此結果亦支持本研究之假設 13-1、假設 13-2 及假設 13-3。由 Scheffe 事後比較可知，在多元文

化教學設計層面上，修過大部分課程者，其得分較其餘兩組
（修過很少或沒有、修過一部份）為高，顯示修過大部分課
程的受試者，較能感受到教學設計課程內容對實施多元文化
教育之重要性。在教材及教師偏見自省層面上，修過大部分
課程者，其得分較修過很少或沒有修過此類課程者為高，顯
示修過大部分相關課程的受試者，較能感受偏見自省課程之
重要性。整體得分上，修過大部分課程者，其得分較其餘兩
組為高，更可肯定師資培育過程中，愈是修過多元文化相關
課程內容者，愈能感受此課程之重要性。

三、族群觀念在多元文化教育信念上的差異情形

本部分旨在了解個人的族群觀念對其多元文化課程內
容重要性之覺知是否有所影響。分析之前，先將所有受試者
依族群觀念總分劃分為低分組、中分組與高分組三組，再進
行多變量變異數分析。其結果請參見表 4-14。

由表 4-14 可知，族群觀念得分之高低，對其多元文化
課程內容重要性之覺知有顯著差異（$\lambda = .7715, p < .001$）。針
對多元文化課程內容各層面進行單變量變異數分析，結果發
現，無論在多元文化教學設計、教材及教師偏見自省、或是
多元文化課程內容總分上，其差異均達顯著水準，此結果亦

支持假設 14-1、假設 14-2、及假設 14-3。由 Scheffe 事後比較可知，在多元文化教學設計之內容上，族群觀念高分組的得分高於中分組及低分組。這顯示族群觀念高分組者，其對多元文化教學設計相關課程內容重要性之覺知得分亦高。其次在教材及教師偏見自省層面上，族群觀念高分組的得分高於中分組，顯示族群觀念高分者，較能感受偏見自省之課程內容在教學時的重要性。最後，在多元文化課程內容的整體得分上，族群觀念高分組的得分高於中分組及低分組。這顯示族群觀念得分愈高者，其多元文化課程內容重要性之覺知亦愈高。

表 4-10.
不同性別在多元文化課程內容得分之多變量變異數分析摘要表

層面名稱 性別	多元文化 教學設計	教師及教材偏見 自省	多元文化教育課程內 容總分
男 M （SD）	46.54 (7.77)	27.18 (4.53)	73.72 (11.89)
女 M （SD）	48.81 (6.74)	28.16 (3.77)	76.98 (9.90)
Wilks' λ	.9762		

*p<.05　　**p<.01　　***p<.001

表 4-11.

不同身份別在多元文化課程內容得分之多變量變異數分析摘要表

層面名稱\身份別	多元文化教學設計	教師及教材偏見自省	多元文化教育課程內容總分
師資培育者 M（SD）	52.91 (8.81)	30.95 (4.55)	83.86 (13.12)
中小學教師 M（SD）	48.59 (6.69)	28.20 (3.70)	76.79 (9.89)
師資生 M（SD）	47.21 (6.02)	26.90 (3.97)	74.11 (9.67)
Wilks' λ	.9083***		
單變量 F 值	6.86**	10.40***	8.69***
事後比較	1>3	1>2, 1>3	1>2, 1>3

**p<.01　***p<.001

表 4-12.

原住民接觸經驗在多元文化課程內容得分之多變量變異數分析摘要表

層面名稱\接觸經驗	多元文化教學設計	教師及教材偏見自省	多元文化教育課程內容總分
曾有接觸經驗 M（SD）	48.07 (7.29)	27.82 (4.26)	75.90 (11.04)
未有接觸經驗 M（SD）	47.26 (7.19)	27.48 (3.58)	74.74 (10.22)
Wilks' λ	.9979		

表 4-13.
不同修課經驗在多元文化課程內容得分之多變量變異數分析摘要表

層面名稱 修課經驗	多元文化 教學設計	教師及教材 偏見自省	多元文化教育 課程內容總分
修過很少或沒有 M（SD）	47.35 (6.85)	27.21 (4.26)	74.56 (10.75)
修過一部分　　M（SD）	47.14 (7.00)	27.65 (2.98)	74.79 (8.99)
修過大部分　　M（SD）	50.56 (8.11)	29.58 (4.47)	80.14 (12.19)
Wilks' λ	.9455*		
單變量 F 值	3.68*	5.63*	4.68*
事後比較	3>1, 3>2	3>1	3>1, 3>2

*p<.05　　**p<.01

表 4-14.
不同族群觀念在多元文化課程內容得分之多變量變異數分析摘要表

層面名稱 族群觀念	多元文化 教學設計	教師及教材 偏見自省	多元文化教育 課程內容總分
低分組　　M（SD）	44.22 (10.94)	28.41 (4.05)	72.63 (14.01)
中分組　　M（SD）	47.01 (6.12)	26.73 (3.86)	73.74 (9.66)
高分組　　M（SD）	50.77 (6.33)	29.30 (4.04)	80.07 (10.10)
Wilks' λ	.7715***		
單變量 F 值	11.22***	10.27***	9.92***
事後比較	3>1, 3>2	3>2	3>1,3>2

***p<.001

第四節　個人背景變項、修課經驗、族群觀念與多
　　　　元文化教育信念、多元文化課程內容的分
　　　　析

　　本節旨在探討個人背景變項（性別、身份別、原住民接
觸經驗）、個人在多元文化教育課程的修課經驗、以及個人
的族群觀念，與個人在多元文化教學信念及多元文化課程內
容得分上的關係，並且從各種投入變項中，找出對多元文化
教學信念及課程內容重要性覺知有影響力的因素。

一、個人背景變項、修課經驗、族群觀念與多元文化教育信念、多元文化課程內容的典型關係

　　本部分主要在驗證個人背景變項、個人在多元文化教育
課程的修課經驗、以及個人的族群觀念，與個人在多元文化
教學信念及多元文化課程內容得分上是否存有相關。為達此
目的，並找出哪些因素與多元文化教學信念及課程內容的相
關較高，乃以典型相關進行分析。

　　本研究以性別、身份別、原住民接觸經驗、修課經驗、

以及族群觀念作為 X 變項，並以多元文化教育信念、多元文化課程內容重要性覺知作為 Y 變項，進行典型相關分析。其結果請參見表 4-15 及圖 4-1。

　　由表 4-15 及圖 4-1 中可知，由性別、身份別、原住民接觸經驗、修課經驗、以及族群觀念等 X 組變項中，共抽出二組典型因素χ_1、χ_2；由多元文化教育信念、多元文化課程內容重要性覺知等 Y 組變項中，亦抽出二組典型因素η_1、η_2。

　　首先，第一組典型因素（χ_1 與η_1）之相關為.59，達.001的顯著水準；第二組典型因素（χ_2 與η_2）之相關為.08，未達顯著水準，因此，以下僅針對第一組典型因素進行分析。

　　其次，就解釋量而言，χ_1 能解釋η_1 總變異量的 35%，而η_1 又可以解釋 Y 變項總變異量的 70.73%。因此，X 變項透過第一組典型因素（χ_1 與η_1）可以解釋 Y 變項總變異量的 24.79%。

　　最後，性別、身份別、原住民接觸經驗、修課經驗、以及族群觀念等五個自變項中與第一典型因素χ_1 相關較高者依次為族群觀念、身份別及修課經驗，其結構係數分別為.87、-.62、.40，而依變項中，各結構係數均達.75 以上。因此，在第一典型因素中，主要是族群觀念、身份別及修課經驗，影響受試者的多元文化教育信念以及多元文化課程內容重要性之覺知。由其結構係數之正負可知，族群觀念得分

愈高、身份為師資培育者、以及多元文化相關課程修課經驗愈多者，其多元文化教育信念以及多元文化課程內容重要性之覺知得分亦愈高。

表 4-15.

個人背景變項、修課經驗、族群觀念與多元文化教育信念、多元文化課程內容的典型相關分析摘要表

控制變項 （X 變項）	典型因素		效標變項 （Y 變項）	典型因素	
	χ1	χ2		η1	η2
性別	.23	.15	多元文化教育信念	.97	.26
身份別	-.62	.77	多元文化課程內容	.75	-.67
原住民接觸經驗	-.07	-.08			
修課經驗	.40	.04			
族群觀念	.87	.48			
抽出變異數百分比	49.86	13.38	抽出變異數百分比	70.73	29.27
重疊百分比	17.48	.09	重疊百分比	24.79	.20
			ρ^2	.35	.01
			典型相關	.59***	.08

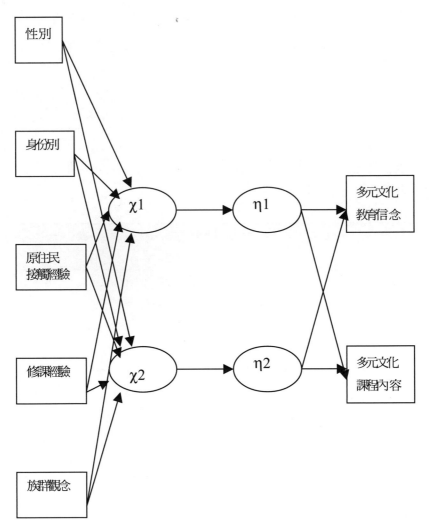

圖 4-1　典型相關分析徑路圖

二、個人背景變項、修課經驗、族群觀念對多元文化教育信念的預測分析

　　本部分係以個人背景變項（性別、身份別、原住民接觸經驗）、修課經驗、族群觀念為自變項，以多元文化教育信念為依變項，進行逐步多元迴歸分析，以瞭解各自變項對依變項的預測情形。分析結果請參見表 4-16。

　　由表 4-16 可知，在投入的五個自變項中，投入族群觀念及身份別兩個自變項，即可使迴歸模式達顯著水準（F=44.92, p<.001），且此二變項均對多元文化教育信念具顯著預測力。此迴歸模式中，決定係數為.3305，顯示此二自變項共可解釋依變項 33.05%的變異量。

　　就個別變項的解釋量而言，族群觀念的預測力最佳，達 26.95%的解釋量，身份別則可解釋依變項 6%的解釋量。

　　從標準化迴歸係數的正負而言，族群觀念之迴歸係數為正值，表示族群觀念得分愈高，多元文化教育信念得分亦愈高；身份別為負值，表示師資培育者比起師資生，其多元文化教育信念得分較高。式 4-1 為多元文化教育信念之標準化迴歸方程式：

$$\check{Z}y = .4777X_1 - .2503X_2$$

X_1：族群觀念

X_2：身份別　　　　　　　（式 4-1）

表 4-16.

個人背景變項、修課經驗、族群觀念預測多元文化教育信念
迴歸模式之變異數分析摘要表

變異來源	SS	df	MS	F	R^2
迴歸係數	3924.37	2	1962.19	44.92***	.3305
殘餘誤差	7950.85	182	43.69		
總　　和	11875.22	184			

表 4-17.

個人背景變項、修課經驗、族群觀念預測多元文化教育信念
之逐步多元迴歸分析摘要表

步驟 投入變項	R^2	R^2增加量	F 值	標準化迴歸係數
1. 族群觀念	.2695	.2695	67.52***	.4777
2. 身份別	.3305	.0610	44.92***	-.2503

三、個人背景變項、修課經驗、族群觀念對多元文化課程內容的預測分析

本部分係以個人背景變項（性別、身份別、原住民接觸經驗）、修課經驗、族群觀念為自變項，以多元文化課程內容為依變項，進行逐步多元迴歸分析，以瞭解各自變項對依變項的預測情形。分析結果請參見表 4-17。

由表 4-17 可知，在投入的五個自變項中，投入族群觀念及身份別兩個自變項，即可使迴歸模式達顯著水準（F = 21.59, p<.001），且此二變項均對多元文化課程內容重要性之覺知具顯著預測力。此迴歸模式中，決定係數為.2016，顯示此二自變項共可解釋依變項 20.16%的變異量。

就個別變項的解釋量而言，族群觀念的預測力最佳，達 13.77%的解釋量，身份別則可解釋依變項 6.4%的解釋量。

從標準化迴歸係數的正負而言，族群觀念之迴歸係數為正值，表示族群觀念得分愈高，多元文化課程內容重要性之覺知得分亦愈高；身份別為負值，表示師資培育者比起師資生，其多元文化課程內容重要性之覺知得分較高。式 4-2 為多元文化教育信念之標準化迴歸方程式：

$$\check{Z}y = .3201X_1 - .2579X_2$$
X_1：族群觀念
X_2：身份別　　　　　　　　　（式 4-2）

表 4-18.
個人背景變項、修課經驗、族群觀念預測多元文化課程內容
迴歸模式之變異數分析摘要表

變異來源	SS	df	MS	F	R^2
迴歸係數	3408.23	2	1704.11	21.59***	.2016
殘餘誤差	13497.41	171	78.93		
總　　和	16905.63	173			

表 4-19.
個人背景變項、修課經驗、族群觀念預測多元文化課程內容
之逐步多元迴歸分析摘要表

步驟 投入變項	R^2	R^2 增加量	F 值	標準化迴歸係數
1. 族群觀念	.1377	.1377	27.47***	.3201
2. 身份別	.2016	.0639	13.68***	-.2579

第五節　綜合討論

本節針對以上各節之分析結果，進行討論。

一、受試者族群觀念之分析

本研究發現，個人之性別、身份別、原住民接觸經驗、以及多元文化相關課程修課經驗之不同，均影響受試者的族群觀念。這與譚光鼎（民 87）的研究，發現女性以及對原住民持較肯定印象的國小學生，其多元族群概念有較正面而積極傾向之結果若合符節。同時，該研究亦提出，多元文化學習經驗的不同，對於學童之原住民印象、多元族群概念和族群關係態度確實會造成差異。此外，許文忠（民 87）探討布農族的國小五、六年級學童之族群認同與自尊，亦發現在族群認同的表現上，女性優於男性。就原住民接觸經驗而言，或許因為接觸過原住民，相較之下，與異文化相處的經歷較多，較不會有不自在或不愉快的感受；同時，有過實際的接觸，較不易受到固有偏見的影響。就多元文化修課經驗而言，則可能因相關課程提供正面且積極的族群訊息，使得修過較多多元文化課程的受試者，具有較為正向的族群觀念。就身份別而言，師資培育者對於與不同族群接觸有較正面的

態度及感受，同時，也較沒有族群偏見，對於不同族群或文化，能有較寬容的心胸，不會只強調文化間的相同面。整體而言，師資培育者在族群觀念的得分最高，頗符合吾人的期待；師資生的整體得分次之，有實際中小學任教經驗的現職教師在此方面的得分最弱，可見中小學教師的族群觀念有待提升。

綜合言之，多元文化相關課程的修習，對於受試者的族群觀念有正面的作用；同時，師資生及中小學現職教師的族群觀念有待提升，可見，未來在師資培育職前教育與在職進修教育上，規劃適切的多元文化課程，將可提升師資的族群觀念。

二、受試者多元文化教育信念之分析

本研究發現，除了受試者的原住民接觸經驗，對其多元文化教育信念之得分無顯著影響外，其餘性別、身份別、修課經驗、以及族群觀念之差異，均對其多元文化教育信念有顯著影響。

就原住民接觸經驗而言，本研究結果與張家蓉（民89）之研究發現，認為經常接觸不同文化的教師，其多元文化教育態度得分較高之結果不一致，這可能是因為前述研究係以原住民地區國中教師為研究對象，本研究則未將研究對象限

定為「原住民地區」有關。詳細的原因，尚待進一步研究。

　　就性別而言，本研究結果與 Gasbarro（1992）的研究，認為不同性別的教師其多元文化反應之差異達顯著水準，以及 Huh（1994）之研究，發現性別對教師支持多元文化教育而言是重要的變項，其結果一致；卻與 Jairrels（1993）的研究發現，認為不同性別之受試教師，其多元文化認知未有顯著差異之結果不一致。這可能是因為不同研究所使用的多元文化信念量表之不同，也反映出目前對多元文化教育信念的看法可能並不一致；但也可以此得知，性別究竟是否為影響受試者多元文化教育信念的重要因素，可能無法武斷地給予定論，尚須進一步探究。

　　就身份別而言，Burcalo（1984）提出，即使在具備專業興趣與經驗的師資培育者之間，對多元文化教育的概念仍有差異；Gunn（1994）亦發現，受試教師對多元文化教育的定義相當分歧。Fry（1995）的研究發現，許多實習教師對多元文化的概念並不瞭解；Goodwin（1994）的研究也發現，實習教師們對多元文化教育的概念並不清楚，且對多元文化教育的內容感到困惑，因而對多元文化教育的前景不具信心。甚至 Ghosh 和 Tarrow（1993）的研究指出，仍有許多教師反抗多元文化。這可能都是導致中小學教師及師資生的多元文化教育信念不及師資培育者的原因。

　　就修課經驗而言，張家蓉（民 89）的研究指出，有無

修過多元文化教育課程的原住民地區國中教師，其多元文化教育態度有顯著差異；Huh（1994）發現，課程的確影響教師對多元文化教育的觀點；Tran（1994）的調查研究亦指出，受過多元文化教育課程的實習教師，在實際教學時，比未受過多元文化教育課程之教師，較能表現出多元文化教育之態度。此與本研究之結果相符。可見提供職前及在職教師相關的教育課程，對於提高其多元文化教育信念，有積極正面的影響。

最後，就族群觀念而言，Edwards（1994）的調查研究發現，不同族群的教師，對不同文化學生之態度，其差異未達顯著水準。Gasbarro（1992）卻指出，族群對教師的多元文化反應差異達顯著水準；Huh（1994）亦認為，族群對教師支持多元文化教育而言是重要的變項；Jairrels（1993）也發現，不同種族的受試教師，對多元文化能力的認知有顯著差異。

綜上所述，師資培育機構若欲加強多元文化教師培育之職前教育及在職進修教育，首應釐清多元文化教育之概念，次則由族群觀念著手，設計多元文化相關課程，並進行各種活動，才能收其預期之功效。

三、受試者多元文化課程內容重要性覺知之分析

　　本研究發現，除了性別以及原住民接觸經驗二者，對於
受試者多元文化教育課程內容重要性之覺知未達顯著差異
外，其餘身份別、修課經驗與族群觀念，均對其多元文化課
程內容重要性覺知有顯著差異。就身份別而言，師資培育者
相對於師資生而言，對多元文化教學設計相關課程內容之重
要性有較深的覺知；同時相對於中小學教師以及師資生而
言，師資培育者對多元文化的課程內容、對偏見自省之相關
內容，所感受的重要性亦較高。就修課經驗而言，愈是修過
多元文化相關課程內容者，愈能感受此課程之重要性。就族
群觀念而言，族群觀念得分愈高者，其多元文化課程內容重
要性之覺知亦愈高。郭金水（民 85）探討師院學生對師院課
程實施多元文化教育的看法，發現大多數受試學生同意應在
師院各系的課程目標中強調本土觀與世界觀的學習。並且，
多元文化教育應就課程規劃、教材教法及相關資訊設備三方
面加以改進。Campbell（1985）調查一批被認為是成功的多
元文化教育教師，他們認為師資培育中最重要的能力依序
為：人際關係技巧、多元文化技巧、個別化技巧、以及溝通
技巧。Cambronne（1993）則提出，教師必須瞭解多元文化
教育的內涵、基本的文化及種族差異性知識，才能瞭解學生
的種族態度及價值觀，以發展不同的多元文化教學策略。
Gunn（1994）亦提出，師資培育過程中應舉辦研討會及講習，

使教師具備多元文化能力以從事日後之教學。凡此種種,皆揭示多元文化課程的相關內容,對於教師實際教學所需的策略及技巧,有極大的影響。

四、受試者個人背景變項、修課經驗、族群觀念與多元文化教育信念、多元文化課程內容之分析

　　首先,本研究針對受試者個人背景變項、修課經驗、族群觀念與多元文化教育信念、多元文化課程內容之間進行典型相關分析,發現只有第一組典型因素之間的相關係數達顯數水準,X 變項能解釋 Y 變項總變異量的 24.79%。其中,族群觀念得分愈高、身份為師資培育者、以及多元文化相關課程修課經驗愈多者,其多元文化教育信念以及多元文化課程內容重要性之覺知得分亦愈高。

　　其次,本研究以個人背景變項、修課經驗、族群觀念為自變項,以多元文化教育信念為依變項,進行逐步多元迴歸分析,以瞭解各自變項對依變項的預測情形。結果發現,就個別變項的解釋量而言,族群觀念的預測力最佳,達26.95%的解釋量,身份別則可解釋依變項 6%的解釋量。從標準化迴歸係數的正負而言,族群觀念之迴歸係數為正值,表示族群觀念得分愈高,多元文化教育信念得分亦愈高;身份別為負值,表示師資培育者比起師資生,其多元文化教育信念得

分較高。

　　最後，本研究以個人背景變項、修課經驗、族群觀念為自變項，以多元文化課程內容為依變項，進行逐步多元迴歸分析，以瞭解各自變項對依變項的預測情形。結果發現，就個別變項的解釋量而言，族群觀念的預測力最佳，達13.77%的解釋量，身份別則可解釋依變項6.4%的解釋量。族群觀念得分愈高，多元文化課程內容重要性之覺知得分亦愈高；師資培育者比起師資生，其多元文化課程內容重要性之覺知得分較高。

　　綜合言之，個人背景變項、修課經驗、族群觀念與多元文化教育信念、多元文化課程內容之間具中度相關，但預測力不高，顯示除了這些變項，應該還有其他因素，影響受試者的多元文化教育信念，以及其對多元文化課程內容重要性之覺知。至於受到哪些其他因素的影響，也許是未來研究可以探究的目的。

第五章　結論與建議

本章就本研究分析之結果，提出結論與相關建議。

第一節　結論

　　本研究旨在探討多元文化之師資培育工作，首先就文獻分析，瞭解多元文化觀在師資培育上的重要性，以形成本研究之基礎。其次分析受試者個人背景變項及修課經驗，對於族群觀念的影響；第三則探討受試者個人背景變項、修課經驗及族群觀念，對其多元文化教育信念的影響；第四探討受試者個人背景變項、修課經驗及族群觀念，對其多元文化課程內容重要性覺知的影響；最後則探究受試者個人背景變項、修課經驗及族群觀念，與其多元文化教育信念、多元文化課程內容重要性覺知的相關及預測力。茲將研究結論摘述如下。

一、多元文化觀在師資培育上的重要性

　　由文獻查閱得知，因目前社會的多元特性，使得多元文

化教育成為必要。而教師亦擔負多元文化的教育責任，不僅
應具備文化敏銳性，且需對教材及自身偏見有所覺察，並且
應熟知多元文化教學策略。而目前師資培育在落實多元文化
教育議題上的薄弱，亦導致許多教師無法跨越自身的文化藩
籬而親近學生的生活，且使教育無法在文化發展的過程中發
揮應有的功能，並使教師缺乏能力以檢視一些既有的信念及
偏見。

二、受試者個人背景變項及修課經驗，對於族群觀念的影響

　　本研究發現，個人之性別、身份別、原住民接觸經驗、
以及多元文化相關課程修課經驗之不同，均影響受試者的族
群觀念。女性在族群偏見、族群同化觀、及族群觀念總分的
得分均較男性高。這顯示女性的族群觀念高於男性。師資培
育者在族群接觸、族群偏見、族群同化觀、及族群觀念總分
的得分較中小學現職教師及師資生高，顯示中小學教師及師
資生的族群觀念有待提升。有原住民接觸經驗的受試者，在
族群接觸、族群偏見、以及族群觀念總分的得分，較缺乏原
住民接觸經驗者為高。可見在師資培育的過程中，提供學生
對不同文化的接觸經驗，將有助於提升其族群觀念。修課經
驗上，修過大部分多元文化教育課程的受試者，其族群接

觸、以及族群觀念總分得分較高,這顯示多元文化相關課程的提供,對受試者的族群觀念有正面的影響。

三、受試者個人背景變項、修課經驗及族群觀念,對於多元文化教育信念的影響

本研究結果發現,個人之性別、身份別、修課經驗及族群觀念,對其多元文化教育信念有顯著影響。女性受試者在多元文化教學觀以及文化與多元文化教育信念總分的得分上,較男性為高。師資培育者在多元文化教學觀、教師責任、文化與教師期望、以及多元文化教育信念總分的得分上,均較中小學現職教師及師資生為高,顯示中小學教師及師資生的多元文化教育信念有待提升。原住民接觸經驗的有無,並未顯著影響受試者的多元文化教育信念。修過大部分多元文化相關課程的受試者,在文化與教師期望以及多元文化教育信念總分的得分上,顯著高於修過很少此類課程的受試者,顯示多元文化相關課程的提供,對於提高多元文化教育信念,仍有相當的作用。族群觀念得分較高的受試者,在多元文化教學觀、教師責任、文化與教師期望、以及多元文化教育信念總分的得分上,均高於族群觀念得分較低的受試者。

四、受試者個人背景變項、修課經驗及族群觀念,對於 多元文化課程內容覺知的影響

　　本研究發現,不同性別,以及原住民接觸經驗之有無,在多元文化課程內容重要性的得分上並無顯著差異。但個人之身分別、修課經驗、以及族群觀念,對其多元文化課程內容重要性之覺知,有顯著差異。師資培育者在多元文化教學設計、教師及教材偏見自省、以及多元文化教育課程內容重要性總分之得分上,均較師資生或中小學教師為高,顯示中小學教師及師資生較無法體認多元文化教育相關課程的重要性。而修過大部分多元文化相關課程的受試者,對多元文化各課程內容重要性的得分較高,顯見愈是修過較多課程,愈能體會此課程的重要。而族群觀念得分較高者,同樣在多元文化教學設計、教師及教材偏見自省、以及多元文化教育課程內容總分三層面的得分,高於族群觀念得分較低者。

五、受試者個人背景變項、修課經驗及族群觀念,對於 多元文化教育信念與多元文化課程內容覺知的相 關及預測力

　　本研究結果指出,受試者個人背景變項、修課經驗、族

群觀念與多元文化教育信念、多元文化課程內容之間的典型相關分析發現，只有第一組典型因素之間的相關係數達顯數水準，X 變項能解釋 Y 變項總變異量的 24.79%。其中，族群觀念得分愈高、身份為師資培育者、以及多元文化相關課程修課經驗愈多者，其多元文化教育信念以及多元文化課程內容重要性之覺知得分亦愈高。

其次，族群觀念及身份別二者，足以對個人之多元文化教育信念有顯著的預測力。族群觀念的預測力最佳，達26.95%的解釋量，身份別則可解釋多元文化教育信念 6%的解釋量。族群觀念得分愈高，多元文化教育信念得分亦愈高；師資培育者比起師資生，其多元文化教育信念得分較高。

最後，族群觀念及身份別二者，足以對個人之多元文化課程內容重要性之覺知有顯著的預測力。族群觀念的預測力達13.77%的解釋量，身份別則可解釋多元文化課程內容重要性 6.4%的解釋量。族群觀念得分愈高，多元文化課程內容重要性的得分亦愈高；師資培育者比起師資生，其多元文化課程內容重要性的得分較高。

第二節　建議

本研究針對研究結果，提出建議事項，供未來規劃師資培育課程以及未來研究之參考。

一、對師資培育課程之建議

（一）應提供師資生及中小學教師接觸不同文化之經驗

本研究發現，受試者族群觀念之高低，影響其多元文化教育信念甚為顯著。族群觀念得分較高的受試者，有較正面的多元文化教學觀念，對於教師所應擔負的多元文化教育責任有較正確的認知，同時也明瞭文化與教師期望之間的關係。

從不同身份探究之，又發現師資培育者的族群觀念得分最高，師資生次之，中小學教師最低。為提高師資生及中小學教師的族群觀念，建議可以透過正式課程、活動課程、甚至潛在課程的安排，盡量使師資生及中小學教師有機會接觸不同文化，增加文化接觸經驗，進而培養對不同文化之族群具備正確的觀念。唯有提升中小學教師正確的族群觀念，才可能真正落實多元文化教育的精神。

（二）應妥善規劃師資培育之多元文化教育課程

本研究由文獻評閱中得知，許多職前教師（師資生及實習教師）對多元文化教育的內涵並不瞭解，因而阻礙其實施多元文化教育，並影響其多元文化教育之信念。因此，本研究建議，師資培育的多元文化教育課程，可由以下三方面加以規劃：

1.瞭解多元文化教育的內涵、以及文化差異性

儘管多元文化教育的內涵仍有許多爭議，但尊重文化差異性、培養與異質文化相處的知識、態度、技能的基本素養是一致公認的。師資培育中的多元文化教育課程，首要讓學生明瞭文化之間不僅具有共同性，也具備差異性，同時，差異性與共同性一樣的具有價值，一樣的需要受到重視。

2.瞭解本身的偏見與歧視，並能敏銳察覺教材中的文化偏見

教師本身來自某一文化，因此可能熟悉該文化的思考模式、行為習慣等，或是對不同文化存有偏見而不覺查。師資培育中的多元文化教育課程規劃，應能幫助教師們審視自身對不同文化的歧視與偏見，建立教師以尊重及平等的態度，對待來自不同文化背景的學生及家庭。

此外，文化的偏見亦存在於教材之中，教師若缺乏敏銳

察覺的能力,將導致學生形成不正確的文化觀。因此,培養教師對教材中文化偏見與歧視的敏銳性,亦應是未來師資培育課程規劃的重點。

3.發展多元文化教學策略

多元文化教育的目的,在培養學生對不同文化具積極的態度、正確的認知,以及人際溝通的技能。因此,培養教師具備此方面的教學能力,諸如:相關議題的教學設計能力、正確引導討論的教學技巧、協助不同群體學生合作學習的教學策略、尊重並接納不同背景學生的教學態度,凡此種種,均應在師資培育的過程中,循序漸進地傳授給現職或未來的教師。

(三)應透過各項研習及教師在職進修管道,提升現職
　　　教師之多元文化教育素養

針對尚在培育中的師資生,許多重要議題可以透過正式課程的規劃、或非正式課程的要求,逐步落實,建立師資生正確的觀念以及良好的態度。對於現職教師,則可以透過各項研習活動及教師在職進修活動,傳遞知識,並建立現職教師應有的多元文化教育素養。

二、對未來研究之建議

（一）研究對象上，可擴及至實習教師、各類教育學分
班學員、以及學校行政人員。

本研究基於時間及人力、物力上的考量，研究對象以師
資培育者、中小學教師及師資生為主。建議未來的研究，可
以將實習教師、各類教育學分班之學員納入，以針對整體師
資培育系統作全面性的瞭解。此外，學校推行的活動，無法
自外於行政系統，因此，學校行政人員是否具備多元文化教
育素養，事實上亦為教師推行多元文化教育成效之關鍵。因
此，建議未來的研究，將學校行政人員納入研究對象之中。

（二）研究變項上，可探討教師教學科目、教學年資對
多元文化教育信念的影響，並探討何種因素影響
力最大

本研究透過逐步多元迴歸分析，結果發現，研究中的變
項，如性別、身份別、族群接觸經驗、修課經驗等，對於受
試者的多元文化教育信念之預測力偏低，顯示可能還有其他
因素影響教師的多元文化教育信念。建議未來的研究可以進
一步探討其影響因素，有助於進一步規劃相關師資培育課程
時之參考。

（三）研究方法上，除量化研究外，可考慮質性研究，
　　　以蒐集微觀資料。

　　本研究主要採量化研究，較無法取得深度訪談的微觀資料。建議未來的研究，可以考慮質性研究方法，並且蒐集不同師資培育機構的作法及意見，對師資培育的多元文化教育議題之落實有更具體的瞭解。

參考文獻

教育部（民 87）。國民教育階段九年一貫課程總綱綱要。台北：作者。

行政院教育改革審議委員會（民 85）。教育改革總諮議報告書。台北：作者。

王泰茂（民 87）。原住民學校的親師互動——以玫瑰小學為例。國立花蓮師範學院多元文化研究所碩士論文。未出版。

王雅玄（民 88）。多元文化課程評鑑的量化途徑。人文及社會學科教學通訊，10(1)，146-159。

方德隆（民 87）。國民中小學多元文化教育之課程設計模式。高雄師大學報，9，187-205。

江雪齡（民 86）。多元文化教育。台北:師大書苑。

林清江（民 86）。多元文化教育與教育改革。載於國立臺灣師範大學主編：多元文化教育的理論與實際國際學術研討會論文集，頁 24-31。

林青青（民 87）。國民中學「認識台灣——社會篇」課程之分析——從多元文化教育觀點。國立台灣師範大學公民訓育研究所碩士論文。未出版。

吳雅惠 （民 88）。教師多元文化教學信念與其運作課程之個

案研究。國立花蓮師範學院碩士論文，未出版。

陳玉賢 (民 88)。談兩性平等教育的推廣。國教之友，51(1)，24-29。

陳枝烈（民 88）。多元文化教育。高雄：復文。

陳美玉（民 86）。多元文化觀的技職教學之研究，台灣教育，556，37-45。

陳美如（民 87）。多元文化學校的知識革命與教師重構—從「潛在課程」談起。教育研究集刊，41，171-192。

陳美如（民 88）。多元文化學校教師專業的重構。人文及社會學科教學通訊，9(5)，111-120。

陳美如（民 89）。多元文化課程理念與實踐。台北：師大書苑。

陳美如（民 89）。從社會重建主義論多元文化在教育改革中的理念與實踐。人文及社會學科教學通訊，10(6)，167-174。

陳憶芬（民 90）。師資培育中的多元文化課程。中等教育，52(4)，84-97。

陳麗華 (民 85)。減低族群偏見課程與教學。多元文化與原住民教育課程發展學術研討會論文集，121-155。國立花蓮師範學院。

莊明貞（民 84）。「多元文化教育」道德科的教學實施。國民教育，35，頁 13-19。

莊明貞(民86)。「多元文化教育」在國小道德科的教學實施。
載於道德教學與評量—多元文化教育觀點。台北:師大
書苑。

許文忠(民87)。山地布農族學童族群認同與自尊之研究。
台北市立師範學院國民教育研究所碩士論文。未出版。

許誌庭(民89)。國小教師對「文化再製」現象的知覺性之
研究。國立台南師範學院國民教育研究所碩士論文。未
出版。

黃政傑(民82)。多元文化教育的課程設計途徑。載於中國
教育學會主編:多元文化教育。台北:臺灣書店。

黃政傑(民86)。多元文化教育的問題與展望。載於當前語
文學習問題研討會會前論文集。

張家蓉(民89)。原住民地區國中教師對多元文化教育之態
度:從族群面向研究。國立台灣師範大學公民訓育研究
所碩士論文。未出版。

張善娟(民87)。中澳原住民教育政策之比較。國立暨南國
際大學比較教育研究所碩士論文。未出版。

郭金水(民85)。國立台北師範學院多元文化教育實施現況
之調查研究。台北師院學報,9,339-361。

馮朝霖(民85)。多元文化與教育—其理論、政策與課程。
發表於國家政策研究中心舉辦「民間教育改革建議」研
討會。

歐用生（民 85）。培養多元文化觀的教師。<u>國民教育</u>，36(5)，
　　2-6。

譚光鼎（民 86）。族群關係與教育。<u>國立花蓮師範學院學報</u>，
　　<u>6</u>，265-288。

譚光鼎（民 87）。國小高年級學生學族群關係態度的探討。
　　<u>原住民教育季刊</u>，<u>12</u>，1-23。

湯仁燕（民 89）。多元文化的課程轉化與教學實踐。<u>教育研究集</u>
　　<u>刊</u>，<u>44</u>，91-115。

劉美慧和陳麗華（民 89）。多元文化課程發展模式及其應用。
　　<u>花蓮師院學報</u>，<u>10</u>，101-126。

劉採瓊（民 87）。從一個多元文化觀點看紐澳文化機構經營：
　　考察見聞錄。<u>社教資料雜誌</u>，<u>240</u>，14-18。

Bainer, D. L. (1991). *Classroom skills for effective minority
　　teacher education*. Paper presented at the Annual Meeting
　　of the Association of Teacher Educators (71st, New Orleans,
　　LA, February 17-21, 1991).

Baker, G..C.(1983). *Planning and organization for multicultural
　　instruction*. MA: Addition-Wesley.

Banks, J. A. (1991). *Teaching Strategies for Ethnic Studies*.
　　Boston: Ally & Bacon.

Banks, J. A. (1993). Approaches to multicultural curriculum

reform. In J. A. Banks & C. A. M. Banks (Eds.), *Multicultural education: Issues and perspectives*. Boston: Allyn & Bacon.

Banks, J.A. (1993). Multicultural education: characteristics and goals. In J. A. Banks & C. Banks(eds.). *Multicultural education: Issues and perspectives*. Boston: Allyn and Bacon.

Banks, J.A. (1994). *Multiethnic education: theory and practice*. Boston: Ally & Bacon.

Banks, J.A. (1998). Multiculturalism's Five Dimensions. *NEA Today, 17*(1) ,p17.

Banks, J.A. & Banks, C. A. M. (1993). *Multicultural education: Issues and perspectives*. Boston: Allyn & Bacon.

Banks, J. A. & Banks, C.A.M. (1995). *Handbook of research on multicultural education*. New York: Simon & Schuster Macmillan.

Banks, C.A.M.& Banks, J.A.(1995). Equity pedagogy: An essential component of multicultural education. *Theory Into Prcatice, 34*(3), 152-158.

Baptiste, H. P., Jr. (1979). *Multiculturalizing Teacher education at the University of Houston*. Paper presented at the Annual Meeting of the American Association of Colleges for Teacher Education (Chicago, Illinois, February 27-March 2, 1979).

Barry, N. H. (1992). *Learning-centered psychological principles: Social factors in learning.* (ERIC Document Reproduction Service No. ED 368 624).

Bartolome, L. (1994). Beyond the methods fetish: Toward a humanizing pedagogy. *Harvard Educational Review, 64,* 173-194.

Batelaan, P. (1992). *Intercultural education for cultural development: The contribution of teacher education.* Paper presented at the International Conference on Education (43rd, Geneva, Switzerland, September 14-19, 1992).

Bennett, C.I. (1995). *Comprehensive multicultural education: Theory and practice.* Boston: Allyn and Bacon.

Burcalow, J. V. (1984). *Teacher educators' Perception Pertaining to Multicultural Teacher Education.* Paper presented at the Annual Meeting of the American Educational Research Association (68th, New Orleans, LA, April 23-27, 1984).

Cambronne, M. F. (1993). *Multicultural perspective: A case study of staff development in an urban elementary school.*

Unpublished doctoral dissertation, University of Massachusetts.

Campbell, R. & Farrell, R. (1985). The identification of competencies for multicultural teacher education. *Negro Education Review, 36*(3-4), 137-44.

Carpenter, A. (2000). *An ethnographic study of preservice teacher resistance to multiculturalism: Implications for teaching.* Paper presented at the Annual Meeting of the American Educational Research Association (New Orleans, LA, April 24-28, 2000).

Clarken, R. H. & Hirst, L. A. (1992). *Multicultural and global perspectives in teacher education.* Paper presented at the Annual Meeting of the Association of Teacher Educators (72nd, Orlando, FL, February 15-19, 1992).

Dana, N. F. & Floyd, D. M. (1993). *Preparing preservice teachers for the multicultural classroom: A report on the case study approach.* Paper presented at the Annual Meeting of the Association of Teacher Educators (73rd, Los Angeles, CA, February 13-17, 1993).

Didham, C. K. (1993). *Infusing a multicultural perspective in teacher education through cooperative learning.* Paper presented at the Annual Meeting of the Association of Teacher Education (73rd, Los Angeles, CA, February 13-17, 1993).

Escamilla, K. (1993). Integrating Mexican-American history and culture into the social studies classroom. In L. E. Gronlund (Ed.), *Striving for excellence: The National Education Goals.* Vol. II. (pp. 53-54). Washington, DC: Educational Resources Information Center.

Fry, T. S. (1995). *An analysis of multicultural perceptions held by preservice secondary social studies teachers.* Unpublished doctoral dissertation, Kansas State University.

Gallavan, N. P. (2000). Multicultural education at the academy: Teacher educators' challenges, conflicts, and coping skills. *Equity & Excellence in Education, 33*(3), 5-11.

Gay, G. (1975). Organizing and designing culturally pluralistic curriculum. *Educational Leadership*, 177-183.

Gay, G. (1977). Curriculum for multicultural education. In F. J. Klassen & D. M. Gollnick (eds). *Pluralism and the American teachers: Issues and case study.* Washington,

DC: NCTE.

Gay, G. (1989). Ethnic minority and educational equality. In J. A. Banks & C. A. M. Banks (eds). *Multicultural education issue and perspective*. Boston: Allyn and Bacon.

Gay, G. (1995). Curriculum theory and multicultural education. In J. A. Banks & C. A. M. Banks (Eds.), *Handbook of research on multicultural education*. New York: Macmillan.

Glazer, N. (1997). *We are all multiculturalists now*. Cambridge: Harvard University Press.

Ghosh, R. & Tarrow, N. (1993). Multiculturalism and teacher educator: Views from Canada and the USA. *Comparative Education, 29*(1), 81-92.

Gollnick, D.M.(1980). Multicultural education. *View Points in Teaching and Learning, 56*, 1-17.

Gollnick, D. M. (1990). *Multicultural education in a pluralistic society*. Columbus: Merrill Publishing Company.

Gordon, J. A. (1992). *Fundamental issues for minority teachers and multicultural teacher education*. (ERIC Document Reproduction Service No. ED 370 914).

Gordon, J. A. (1994). *The role of global understanding within multicultural teacher education for culturally isolated and threatened students*. Paper presented at the Annual Meetings of the American Educational Studies Association (Chapel Hill, NC, November 10, 1994).

Grant, C. A. & Sleeter, C. E. (1989). Race, class, gender, exceptionality, and educational reform. In J. A. Banks & C. A. M. Banks (eds). *Multicultural education issue and perspective*. Boston: Allyn and Bacon.

Grant, C. A. & Sleeter, C. E.(1996). *After the school bell rings*. Washington, DC.: Falmer Press.

Hasseler, S. S. (1998). *Multicultural teacher education: Problems and possibilities in small college settings*. Paper presented at the Annual Meeting of the American Association of Colleges for Teacher Education (New Orleans, LA. February 25-28, 1998).

Henry, G.B.(1986). *Cultural diversity awareness inventory*. (ERIC Document Reproduction Service No. ED 282 657).

Irwin, L. H. A. (1988). *Attitude of southern Alberta elementary school teacher toward multicultural education*. Unpublished doctoral dissertation, Brigham Young

University.

Jairrels, V. (1993). *The multicultural competence of special education teachers.* Unpublished doctoral dissertation, Alabama University.

Kennedy, M. (Ed.). (1991). *Teaching academic subjects to diverse learners.* New York: Teachers College Press.

Khoury, J. A. (1989). *A design for the implementation of multicultural education as process within pre-service/in-service teacher education.* Unpublished doctoral dissertation, Massachusetts University.

Kido, J. K. (1993). *Assessing intercultural sensitivity in teacher education programs.* Unpublished doctoral dissertation, the Union Institue.

Ladson-Billings, G. (1994). What we can learn from multicultural education research. *Educational Leadership, 1*(8), 22-25.

Ladson-Billings, G. (1995a). Multicultural teacher education: Research, practice, and policy. In J. A. Banks & C. A. M. Banks (Eds.), *Handbook of research on multicultural education* (pp.747-759). New York: Simon and Shuster.

師資培育中的多元文化教育

Ladson-Billings, G. (1995b). *Multicultural teacher education: Research, practice, and policy.* (ERIC Document Reproduction Service No. ED 382 738).

Lampe, J. R. (1994). *Multiethnic cultural perceptions and attitudes of teacher education students.* Paper presented at the Annual Meeting of the Southwest Educational Research Association (San Antonio, TX, January 27-29, 1994).

Larke, P. J. (1990). Cultural diversity awareness inventory: Assessing the sensitivity of preservice teachers. *Action in Teacher Education, 12*(3), 5-31.

Larkin, J. M. & Sleeter, C. E. (1995). *Developing multicultural teacher education curricula.* NY: State University of New York Press:.

Lien, H. N. (1999). *A Challenge toward binary racial epistemology: The reconstruction of cultural identity in multicultural teacher education.* Paper presented at the Annual Meeting of the American Educational Research Association (Montreal, Quebew, Canada, April 19-23, 1999).

Locke, D. C. (1988). Teaching culturally-different students: Growing pine trees or bonsai trees? *Contemporary Education, 59*(3), 130-133.

Lynch, J.(1983). *The multicultural curriculum.* London: Batsford.

Marshall, D.L. (1995). Multicultural education. *The Education Digest, 60*(7), 57-60.

McFadden, J. (1997). *Multicultural and global/international education: Guidelines for programs in teacher education.* (ERIC Document Reproduction Service No. ED 405 301).

McFadden, J., Merryfield, M. M., & Barron, K. R. (1997). *Multicultural and global / international education: Guidelines for programs in teacher education.* (ERIC Document Reproduction Service No. ED 405 301).

Mehan, H., Lintz, A.., Okamoto, D. & Wills, J. S. (1995). Ethnographic studies of multicultural education in classrooms and schools. In J. A. Banks & C. A. M. Banks (Eds.), *Handbook of research on multicultural education* (pp.732-746). New York: Simon and Shuster.

Melnick, S. L. & Zeichner, K. M. (1995). *Teacher education for cultural diversity: Enhancing the capacity of teacher education institutions to address diversity issues.* (ERIC Document Reproduction Service No. ED 392 751).

Merryfield, M. (1995). *Teacher education in global and international education.* ERIC Digest. (ERIC Document Reproduction Service No. ED 384 601).

Moore, T. L., & Reeves-kazelskis, C. (1992). *Effects of formal instruction ov preservice teachers' beliefs about multicultural education.* Paper presented at the Annual meeting of the Mid-South Educational Research Association (Knoxville, TN, November 10-13, 1992).

Mullen, C. A. (1997). *Hearing the voices of Hispanic preservice teachers: An inside-out reform of teacher education.* Paper presented at the Annual Meeting of the American Educational Research Association (Chicago, IL, March 24-28, 1997).

Nieto, S. (1996). *Affirming diversity: The sociopolitical context of multicultural education* (2nd ed.). NY: Longman Publishers.

Nissani, H. (1993). *Early childhood programs for language minority students.* ERIC Digest. (ERIC Document

Reproduction Service No. ED 355 836).

Pickert, S.& Chock, P. P. (1997). *The concept of culture in multicultural education: Views of teacher educators in the USA*. Paper presented at the Annual Meeting of the American Educational Research Association (Chicago, IL, March 24-28, 1997).

Pohan, C. A. & Aguilar, T. E. (2001). Measuring Educators' Beliefs about Diversity in Personal and Professional Contexts. *American Educational Research Journal, 38*(1), 159-182.

Sadker, M., & Sadker, D. (1978). *The teacher educator's role. Implementing Title IX and attaining sex equality: A workshop package for postsecondary educators.* (ERIC Document Reproduction Service No. ED 222 466).

Sleeter, C. E. (1993). *Staff development for multicultural education, keepers of American dream: A study of staff development and multicultural education.* London: The Falmer Press.

Soley, M. (1996). If it's controversial, why teach it? *Social Education, 60*(1), 9-14. Soley, M. (1996). If it's controversial, why teach it? *Social Education, 60*(1), 9-14.

Suleiman. M.F.(1996). Preparing teacher for the culturally diverse classrooms. (ERIC Document Reproduction Service No. ED 396 057).

Taylor, P.A. (1999a). *Teacher educators' role in promoting the tenets of multicultural education.* Paper presented at the Annual Meeting of the Mid-South Educational Research Association (Point Clear, AL, November 17-19, 1999).

Taylor, P.A. (1999b). *Multicultural education Issues: Perceived levels of knowledge of preservice teachers and teacher educators.* Paper presented at the Annual Meeting of the Mid-South Educational Research Association (Point Clear, AL, November 17-19, 1999).

Tiedt, P. & Tiedt, I. (1995). *Multicultural teaching: A handbook of activities, information, and resources* (4thed.) Boston: Allyn and Bacon.

Wahlstrom, M. A. & Clarken, R. H. (1992). *Preparing teachers for education that is multicultural and global.* Paper presented at the Annual Meeting of the American Educational Research Association (San Francisco, CA, April 20-25, 1992).

Zeichner, K. M. (1992). *Educating teachers for cultural*

diversity. East Lansing: National Center for Research on Teacher Learning.

師資培育中的多元文化教育

附錄一　預試問卷

多元文化教育信念問卷

> 您好：
>
> 　　我們的社會中，存在許多與我們不同的人，可能是性別、宗教、政黨、種族、價值觀…等的差異。這份問卷想瞭解您對周遭與自己不同的人抱持何種想法或態度，以及對教學的影響。填答內容只做整體分析，其結果僅供學術研究之用。請您依照自己的想法及情況仔細填寫所有的問題，非常感謝您的協助。
>
> 　　　　　長庚大學教育學程中心助理教授　陳憶芬敬啟

一、基本資料

1. 性別：□(1)男　　□(2)女
2. 籍貫：□(1)本省人 □(2)外省人 □(3)客家人 □(4)原住民 □(5)其他
　　　　　（請說明＿＿＿＿＿＿）
3. 主要語言：□(1)國語 □(2)台語 □(3)客家語 □(4)其他
4. 是否曾接觸原住民：□(1)是　□(2)否
5. 身份：□(1)大學校院教師（師資培育者）（請填答 7、8 題）
　　　　　□(2)中學教師（年資五年及五年以上）（請填答 9～11 題）
　　　　　□(3)中學教師（年資五年以下）（請填答 9～11 題）
　　　　　□(4)小學教師（年資五年及五年以上）（請填答 9～11 題）
　　　　　□(5)小學教師（年資五年以下）（請填答 9～11 題）
　　　　　□(6)大學校院學生（請填答 12～15 題）

二、個人的族群觀念（打勾即可）

非同普不非
常　　　常
　　同　不
同　　　同
意意通意意

6.當一大堆與我不同族群的人在我周遭時，我會覺得不自在。⑤④③②①
7.不同背景的人，通常不會有很多共同點。⑤④③②①
8.人際間的差異經常分化人們，所以人們應試著使彼此更相像。⑤④③②①
9.你可以從與你背景不同的人身上學到很多東西。⑤④③②①
10.我喜歡與不同的族群相處。⑤④③②①
11.當我聽到陌生人說著我所不懂的語言時，我會覺得不太自在。⑤④③②①
12.如何去和背景不同的人相處是件很困難的事。⑤④③②①
13.一般人對原住民的刻板印象多於對其他族群的刻板印象。⑤④③②①
14.台灣的原住民較不喜歡競爭。⑤④③②①
15.最適合敘寫或討論原住民文化的人，是原住民本身。⑤④③②①
16.大部分族群具有相同的價值觀。⑤④③②①
17.全世界的人，相同處比相異處多。⑤④③②①
18.大部分外國語言聽來都很相似。⑤④③②①
19.讓殘障者容易使用所有公共設施，這只是增加國庫支出的非必要措施。⑤④③②①
20.生活於貧窮中的人，是因為他們缺乏使自己脫離貧窮的動機。⑤④③②①
21.人們應該與其他不同種族/族群的人發展有意義的友誼關係。⑤④③②①
22.肢體障礙者擔任領導工作，其效率較一般人為低。⑤④③②①
23.一般而言，平地人比原住民更重視教育的價值。⑤④③②①
24.我們的社會仍有許多男女不平權的現象，是因為大部分社會體系
　　仍由男性支配。⑤④③②①
25.因為男性通常是家計的主要負擔者，他們理應比女性獲得較高的薪資。⑤④③②①
26.社會不應愈來愈接受同性戀者的生活形態。⑤④③②①
27.對移民者（移入者）而言，學習國語（主流語言）比維持其母語
　　更為重要。⑤④③②①
28.一般而言，男性比女性扮演較成功的領導者。⑤④③②①

～請繼續填答下一頁～

三、個人對多元文化教育的信念（打勾即可）

	非常同意	同意	普通	不同意	非常不同意

29.平地兒童不需要多元文化課程。 ⑤④③②①

30.原住民學生讓原住民老師教，會學得更多更快。 ⑤④③②①

31.讓全班學生有機會瞭解不同文化及慶典，是適當的教學活動。 ⑤④③②①

32.我的文化與學生的文化並非完全相同。 ⑤④③②①

33.能立刻辨認我所教的學生的族群，是很重要的。 ⑤④③②①

34.我比較喜歡與那些文化背景與我相似的家長和學生一起。 ⑤④③②①

35.跟國語不標準的人在一起，我會不舒服。 ⑤④③②①

36.跟那些價值觀念與我不同的人在一起，我會不自在。 ⑤④③②①

37.與一些文化背景和我不同的家長開會時，我經常覺得挫折。 ⑤④③②①

38.教學時，有時應該要忽略不標準的國語。 ⑤④③②①

39.教導族群的習俗或傳統，是學校課程或教職員的責任。 ⑤④③②①

40.提供機會讓學生分享不同文化的生活及信仰差異，是我的責任。 ⑤④③②①

41.一個人對特定文化的理解，會影響他對學生表現的期望。 ⑤④③②①

42.不應要求教師調整他們較喜歡的教學模式以適應所有學生之需求。 ⑤④③②①

43.傳統的課堂向來就是支持中產階級的生活形態。 ⑤④③②①

44.不應允許同性戀者在公立學校教書。 ⑤④③②①

45.把經費用於教育重度障礙的學生，要比用在資優學生的課程上好。 ⑤④③②①

46.應鼓勵所有學生擁有流利的第二語言。 ⑤④③②①

47.只有那些有原住民學生的學校或班級，才需要實施多元文化教育。 ⑤④③②①

48.學校中，女生所受到的注意，與男生所受到的注意一樣多。 ⑤④③②①

49.肢體障礙的學生應盡量安置於普通班。 ⑤④③②①

50.在數理科學上，應給男更多的機會。 ⑤④③②①

51.一般而言，教師通常對低社經階級的學生期望較少。 ⑤④③②①

52.多元文化教育對原住民學生或少數民族最具效益。 ⑤④③②①

53.學校行政職位上，需要更多女性。 ⑤④③②①

54.教師應具備與不同背景的學生共同工作的經驗，以提高教學成效。 ⑤④③②①

55.一般而言，來自較低社經背景的學生，比起中產階級的同儕，擁有較少的教育機會。 ⑤④③②①

56.學校中，不應容許學生使用官方語（國語）之外的語言。 ⑤④③②①

57.多元文化教育不如讀、寫、算及電腦能力來得重要。 ⑤④③②①

58.其實我們常說的多元文化教育，就是多民族教育。 ⑤④③②①

四、多元文化教育的課程內容（打勾即可）

在<u>師資培育的過程中</u>，我認為下述各議題的重要性，以及我是否曾教過（或學過）這些議題

	重要性	教(學)過
	非常重要　重要　普通　不重要　非常不重要	曾教或學過　未教或學過
69.個人及不同群體的學習風格	⑤④③②①	②①
60.能顧及文化差異的教學策略	⑤④③②①	②①
61.語言、文化及學習之間的關係	⑤④③②①	②①
62.瞭解自己先入為主的偏見	⑤④③②①	②①
63.對文化多樣性及社會正義的堅持	⑤④③②①	②①
64.如何教導多民族班級，以及成功案例	⑤④③②①	②①
65.學科中的知識如何被建構	⑤④③②①	②①
66.如何協助學童瞭解知識建構的議題	⑤④③②①	②①
67.處理班級中歧視與偏見的策略	⑤④③②①	②①
68.能顧及文化多樣性的教學評量方式	⑤④③②①	②①
69.分析教材中的刻板印象及族群偏見	⑤④③②①	②①
70.設計教學單元，能由多元文化觀點看問題	⑤④③②①	②①
71.有哪些學校事務再製社會階級的不平等	⑤④③②①	②①
72.各民族文化團體的習俗、傳統	⑤④③②①	②①
73.設計教學單元，能整合單一或更多民族團體的文化	⑤④③②①	②①
74.如何獲得社區及民族文化團體的相關資訊	⑤④③②①	②①
75.能包容並接受來自不同族群團體學生的學校實例	⑤④③②①	②①
76.能敏銳察覺教材內容及教學活動是否含有文化偏見或歧視	⑤④③②①	②①
77.不同民族文化團體的歷史及其對國家的貢獻	⑤④③②①	②①
78.學生本身的民族與文化認同	⑤④③②①	②①

～非常感謝您的填答～

144

附錄二　預試問卷項目分析

附錄 2-1.
預試問卷族群觀念量表項目分析之決斷值摘要表

題號	題目	CR 值	刪除
6	當一大堆與我不同族群的人在我周遭時，我會覺得不自在。	6.5702***	
7	不同背景的人，通常不會有很多共同點。	-1.7574	×
8	人際間的差異經常分化人們，所以人們應試著使彼此更相像。	7.0862***	
9	你可以從與你背景不同的人身上學到很多東西。	7.5158***	
10	我喜歡與不同的族群相處。	6.0915***	
11	當我聽到陌生人說著我所不懂的語言時，我會覺得不太自在。	6.0862***	
12	如何去和背景不同的人相處是件很困難的事。	6.4212***	
13	一般人對原住民的刻板印象多於對其他族群的刻板印象。	1.5537	×
14	台灣原住民較不喜歡競爭。	4.5529***	
15	最適合敘寫或討論原住民文化的人，是原住民本身。	0.2448	×
16	大部分族群具有相同的價值觀。	7.5235***	
17	全世界的人，相同處比相異處多。	4.6389***	
18	大部分外國語言聽來都很相似。	5.4398***	
19	讓殘障者容易使用所有公共設施，這只是增加國庫支出的非必要措施。	7.4116***	
20	生活於貧窮中的人，是因為他們缺乏使自己脫離貧窮的動機。	6.9627***	
21	人們應該與其他不同種族/族群的人發展有意義的友誼關係。	5.8196***	
22	肢體障礙者擔任領導工作，其效率較一般人為低。	11.5529***	
23	一般而言，平地人與原住民更重視教育的價值。	-2.5686*	
24	我們的社會仍有許多男女不平權的現象，是因為大部分社會體系仍由男性支配。	2.5648*	
25	因為男性通常是家計的主要負擔者，他們理應比女性獲得較高的薪資。	9.0895***	
26	社會不應愈來愈接受同性戀者的生活形態。	9.8166***	
27	對移民者(移入者)而言，學習國語(主流語言)比維持其母語更為重要。	4.2485***	
28	一般而言，男性比女性扮演較成功的領導者。	8.1796***	

附錄 2-2.
預試問卷多元文化教育信念量表項目分析之決斷值摘要表

題號	題目	CR 值	刪除
29	平地兒童不需要多元文化課程。	8.1611***	
30	原住民學生讓原住民老師教，會學的更多更快。	1.6257	×
31	讓全班學生有機會瞭解不同文化及慶典，是適當的教學活動。	8.1842***	
32	我的文化與學生的文化並非完全相同。	5.0897***	
33	能立刻辨認我所教的學生的族群，是很重要的。	2.6855**	
34	我比較喜歡與那些文化背景與我相似的家長和學生一起。	3.7468***	
35	跟國語不標準的人在一起，我會不舒服。	7.8726***	
36	跟那些價值觀念與我不同的人在一起，我會不自在。	3.3449**	
37	與一些文化背景和我不同的家長開會時，我經常覺得挫折。	4.3133***	
38	教學時，有時應該要忽略不標準的國語	4.1688***	
39	教導族群的習俗或傳統，是學校課程或教職員的責任。	5.0698***	
40	提供機會讓學生分享不同文化的生活及信仰差異，是我的責任。	8.7373***	
41	一個人對特定文化的理解，會影響他對學生表現的期望。	8.0290***	
42	不應要求教師調整他們較喜歡的教學模式以適應所有學生之需求。	2.0626*	
43	傳統的課堂向來就是支持中產階級的生活型態	6.1742***	
44	不應允許同性戀者在公立學校教書。	5.8584***	
45	把經費用於教育重度障礙的學生，要比用在資優學生上好。	2.0944*	
46	應鼓勵所有學生擁有流利的第二語言。	6.7325***	
47	只有那些有原住民學生的學校或班級，才需要實施多元文化教育。	10.5247***	
48	學校中，女生所受到的注意，與男生所受到的注意一樣多。	0.4806	×
49	肢體障礙的學生應盡量安置於普通班。	2.5751*	
50	不應允許同性戀者在公立學校教書。	6.3752***	
51	一般而言，教師通常對低社經階級的學生期望較少。	2.8890**	
52	多元文化教育對原住民學生或少數民族最具效益。	1.9617	×
53	學校行政職位上，需要更多女性。	1.9774*	
54	教師應具備與不同背景的學生共同工作的經驗，以提高教學成效。	8.7702***	
55	一般而言，來自較低社經背景的學生，比起中產階級的同儕，擁有較少的教育機會。	6.6030***	
56	學校中，不應容許學生使用官方語言（國語）之外的語言。	9.4863***	
57	多元文化教育不如讀、寫、算及電腦能力來得重要。	6.8590***	
58	其實我們常說的多元文化教育，就是多民族教育。	3.9618***	

附錄 2-3.
預試問卷多元文化課程內容量表項目分析之決斷值摘要表

題號	題目	CR 值	刪除
59	個人及不同群體的學習風格	10.1829***	
60	能顧及文化差異的教學策略	10.4416***	
61	語言、文化及學習之間的關係	10.0131***	
62	瞭解自己先入為主的偏見	8.0402***	
63	對文化多樣性及社會正義的堅持	12.4796***	
64	如何教導多民族班級，以及成功案例	11.3527***	
65	學科中的知識如何被建構	11.2302***	
66	如何協助學童瞭解知識建構的議題	11.3436***	
67	處理班級中歧視與偏見的策略	11.1572***	
68	能顧及文化多樣性的教學評量方式	11.3079***	
69	分析教材中的刻板印象及族群偏見	13.3336***	
70	設計教學單元，能由多元文化觀點看問題	13.1869***	
71	有哪些學校事務再製社會階級的不平等	11.5329***	
72	各民族文化團體的習俗、傳統	11.4632***	
73	設計教學單元，能整合單一或更多民族團體的文化	11.1844***	
74	如何獲得社區及民族文化團體的相關資訊	9.3309***	
75	能包容並接受來自不同族群團體學生的學校實例	14.6525***	
76	能敏銳察覺教材內容及教學活動是否含有文化偏見或歧視	12.7549***	
77	不同民族文化團體的歷史及其對國家的貢獻	9.0009***	
78	學生本身的民族與文化認同	11.4613***	

附錄三　預試問卷因素分析及信度分析

附錄 3-1.
預試問卷族群觀念量表因素分析及信度分析摘要表

因素別	題號	因素負荷量	特徵值	解釋變異量	α 係數
族群偏見	10	0.69673	2.4462	26.12%	0.7418
	9	0.63687			
	6	0.59305			
	21	0.55166			
	11	0.48309			
	12	0.48291			
族群接觸	18	0.77976	2.2713	11.68%	0.7427
	19	0.58383			
	8	0.55771			
	16	0.42296			
	17	0.41094			
族群同化	28	0.70469	2.1362	8.33%	0.7333
	27	0.59548			
	14	0.54601			
	26	0.36951			
總量表				46.13%	0.7641

附錄 3-2.

預試問卷多元文化教育信念量表因素分析及信度分析摘要表

因素別	題號	因素負荷量	特徵值	解釋變異量	α 係數
多元文化	44	0.71734	3.8220	24.56%	0.8105
教學觀念	57	0.69722			
	47	0.68248			
	56	0.67958			
	29	0.65954			
	50	0.65060			
	58	0.62287			
	42	0.50158			
教師責任	46	0.73180	2.6946	18.01%	0.8237
	33	0.61584			
	39	0.59179			
	54	0.56185			
	31	0.43980			
	40	0.43320			
文化與	51	0.73786	2.3776	8.35%	0.6965
教師期望	43	0.70027			
	55	0.58908			
	41	0.55870			
	32	0.32823			
	49	0.31567			
總量表				50.92%	0.8132

附錄 3-3.
預試問卷多元文化課程內容量表因素分析及信度分析摘要表

因素別	題號	因素負荷量	特徵值	解釋變異量	α 係數
多元文化 教學設計	72	0.89823	2.8856	54.74%	0.9390
	75	0.84981			
	73	0.81257			
	78	0.77032			
	61	0.71373			
	67	0.70458			
	68	0.68841			
	69	0.62212			
	70	0.60481			
	59	0.55394			
	64	0.52990			
	60	0.49683			
教師及教材 偏見自省	62	0.93484	2.2782	5.94%	0.8782
	66	0.72047			
	65	0.66351			
	71	0.64919			
	63	0.52684			
	76	0.49158			
	74	0.47508			
總量表				60.68%	0.9522

附錄四 正式問卷

多元文化教育信念問卷

您好：

　　我們的社會中，存在許多與我們不同的人，可能是性別、宗教、政黨、種族、價值觀…等的差異。這份問卷想瞭解您對周遭與自己不同的人抱持何種想法或態度，以及對教學的影響。填答內容只做整體分析，其結果僅供學術研究之用。請您依照自己的想法及情況仔細填寫所有的問題，非常感謝您的協助。

長庚大學教育學程中心助理教授　陳憶芬敬啟

一、基本資料

1.性別：□(1)男　　□(2)女

2.籍貫：□(1)本省人 □(2)外省人 □(3)客家人 □(4)原住民 □(5)其他
　　　（請說明＿＿＿＿＿＿）

3.主要語言：□(1)國語 □(2)台語 □(3)客家語 □(4)其他

4.是否曾接觸原住民：□(1)是　□(2)否

5.身份：□(1)大學校院教師（師資培育者）（請填答 7、8 題）

　　　　□(2)中學教師（年資五年及五年以上）（請填答 9～11 題）

　　　　□(3)中學教師（年資五年以下）（請填答 9～11 題）

　　　　□(4)小學教師（年資五年及五年以上）（請填答 9～11 題）

　　　　□(5)小學教師（年資五年以下）（請填答 9～11 題）

　　　　□(6)大學校院學生（請填答 12～15 題）

二、個人的族群觀念（打勾即可）

6.當一大堆與我不同族群的人在我周遭時，我會覺得不自在。　⑤④③②①

7.人際間的差異經常分化人們，所以人們應試著使彼此更相像。　⑤④③②①

8.你可以從與你背景不同的人身上學到很多東西。　⑤④③②①

9.我喜歡與不同的族群相處。　⑤④③②①

10.當我聽到陌生人說著我所不懂的語言時，我會覺得不太自在。　⑤④③②①

11.如何去和背景不同的人相處是件很困難的事。　⑤④③②①

12.台灣的原住民較不喜歡競爭。　⑤④③②①

13.大部分族群具有相同的價值觀。　⑤④③②①

14.全世界的人，相同處比相異處多。　⑤④③②①

15.大部分外國語言聽來都很相似。　⑤④③②①

16.讓殘障者容易使用所有公共設施，這只是增加國庫支出的
　　非必要措施。　⑤④③②①

17.人們應該與其他不同種族/族群的人發展有意義的友誼關係。　⑤④③②①

18.社會不應愈來愈接受同性戀者的生活形態。　⑤④③②①

19.對移民者（移入者）而言，學習國語（主流語言）比維持其母語
　　更為重要。　⑤④③②①

20.一般而言，男性比女性扮演較成功的領導者。　⑤④③②①

～請繼續填答下一頁～

三、個人對多元文化教育的信念（打勾即可）

	非常同意	同意	普通	不同意	非常不同意

21.平地兒童不需要多元文化課程。　⑤④③②①

22.讓全班學生有機會瞭解不同文化及慶典，是適當的教學活動。　⑤④③②①

23.我的文化與學生的文化並非完全相同。　⑤④③②①

24.教導族群的習俗或傳統，是學校課程或教職員的責任。　⑤④③②①

25.提供機會讓學生分享不同文化的生活及信仰差異，是我的責任。　⑤④③②①

26.一個人對特定文化的理解，會影響他對學生表現的期望　⑤④③②①

27.不應要求教師調整他們較喜歡的教學模式以適應所有學生之需求。　⑤④③②①

28.傳統的課堂向來就是支持中產階級的生活形態。　⑤④③②①

29.不應允許同性戀者在公立學校教書。　⑤④③②①

30.應鼓勵所有學生擁有流利的第二語言。　⑤④③②①

31.只有那些有原住民學生的學校或班級，才需要實施多元文化教育。　⑤④③②①

32.肢體障礙的學生應盡量安置於普通班。　⑤④③②①

33.在數理科學上，應給男生更多的機會。　⑤④③②①

34.一般而言，教師通常對低社經階級的學生期望較少。　⑤④③②①

35.教師應具備與不同背景的學生共同工作的經驗，以提高教學成效。　⑤④③②①

36.一般而言，來自較低社經背景的學生，比起中產階級的同儕，擁有
　較少的教育機會。　⑤④③②①

37.學校中，不應容許學生使用官方語（國語）之外的語言。　⑤④③②①

38.多元文化教育不如讀、寫、算及電腦能力來得重要。　⑤④③②①

39.其實我們常說的多元文化教育，就是多民族教育。　⑤④③②①

～請繼續填答下一頁～

四、多元文化教育的課程內容（打勾即可）

在師資培育的過程中，我認為下述各議題的重要性，以及我是否曾教過（或學過）這些議題

	重要性	教(學)過
	非重普不非 常　　　常 　　重不 重　　重 要要通要要	曾　未 教　教 或　或 學　學 過　過
40.個人及不同群體的學習風格	⑤④③②①	②①
41.能顧及文化差異的教學策略	⑤④③②①	②①
42.語言、文化及學習之間的關係	⑤④③②①	②①
43.瞭解自己先入為主的偏見	⑤④③②①	②①
44.對文化多樣性及社會正義的堅持	⑤④③②①	②①
45.如何教導多民族班級，以及成功案例	⑤④③②①	②①
46.學科中的知識如何被建構	⑤④③②①	②①
47.如何協助學童瞭解知識建構的議題	⑤④③②①	②①
48.處理班級中歧視與偏見的策略	⑤④③②①	②①
49.能顧及文化多樣性的教學評量方式	⑤④③②①	②①
50.分析教材中的刻板印象及族群偏見	⑤④③②①	②①
51.設計教學單元，能由多元文化觀點看問題	⑤④③②①	②①
52.有哪些學校事務再製社會階級的不平等	⑤④③②①	②①
53.各民族文化團體的習俗、傳統	⑤④③②①	②①
54.設計教學單元，能整合單一或更多民族團體的文化	⑤④③②①	②①
55.如何獲得社區及民族文化團體的相關資訊	⑤④③②①	②①
56.能包容並接受來自不同族群團體學生的學校實例	⑤④③②①	②①
57.能敏銳察覺教材內容及教學活動是否含有文化偏見或歧視	⑤④③②①	②①
58.不同民族文化團體的歷史及其對國家的貢獻	⑤④③②①	②①
59.學生本身的民族與文化認同	⑤④③②①	②①

～非常感謝您的填答～

國家圖書館出版品預行編目

師資培育中的多元文化教育之研究 / 陳憶芬著.一版

-- 臺北市：秀威資訊科技，2003[民 92]

面 ;公分. -- (社會科學類 ；B005)

ISBN 957-28593-1-5(平裝)

1.教育－論文，講詞等 2.師資培育－論文，講詞等

520.7 92005194

 社會科學類 AF0001

師資培育中的多元文化教育之研究

作　　者 / 陳憶芬

發 行 人 / 宋政坤

執行編輯 / 魏良珍

圖文排版 / 劉醇忠

封面設計 / 劉美廷

數位轉譯 / 徐真玉　沈裕閔

圖書銷售 / 林怡君

法律顧問 / 毛國樑　律師

出版印製 / 秀威資訊科技股份有限公司

　　　　　 台北市內湖區瑞光路 583 巷 25 號 1 樓

　　　　　 電話：02-2657-9211　　　　傳真：02-2657-9106

　　　　　 E-mail：service@showwe.com.tw

經 銷 商 / 紅螞蟻圖書有限公司

　　　　　 台北市內湖區舊宗路二段 121 巷 28、32 號 4 樓

　　　　　 電話：02-2795-3656　　　　傳真：02-2795-4100

　　　　　 http://www.e-redant.com

2003 年 3 月　BOD 一版　　2008 年 7 月　BOD 二版

定價：200 元

讀　者　回　函　卡

感謝您購買本書，為提升服務品質，煩請填寫以下問卷，收到您的寶貴意見後，我們會仔細收藏記錄並回贈紀念品，謝謝！

1. 您購買的書名：_____

2. 您從何得知本書的消息？

　　□網路書店　　□部落格　　□資料庫搜尋　　□書訊　　□電子報　　□書店

　　□平面媒體　　□ 朋友推薦　　□網站推薦　　□其他_____

3. 您對本書的評價：(請填代號　1.非常滿意 2.滿意 3.尚可 4.再改進)

　　封面設計____　版面編排____　內容____　文/譯筆____　價格____

4. 讀完書後您覺得：

　　□很有收獲　　□有收獲　　□收獲不多　　□沒收獲

5. 您會推薦本書給朋友嗎？

　　□會　　□不會，為什麼？_____

6. 其他寶貴的意見：_____

_____

_____

_____

讀者基本資料

姓名：_____　年齡：_____　性別：□女 □男

聯絡電話：_____　E-mail：_____

地址：_____

學歷：□高中(含)以下　　□高中　　□專科學校　　□大學

　　　□研究所(含)以上 □其他_____

職業：□製造業 □金融業 □資訊業 □軍警 □傳播業 □自由業

　　　□服務業 □公務員 □教職　□學生 □其他_____

To：114

台北市內湖區瑞光路 583 巷 25 號 1 樓

秀威資訊科技股份有限公司　　　收

寄件人姓名：

寄件人地址：□□□

(請沿線對摺寄回,謝謝!)

秀威與 BOD

BOD（Books On Demand）是數位出版的大趨勢，秀威資訊率先運用 POD 數位印刷設備來生產書籍，並提供作者全程數位出版服務，致使書籍產銷零庫存，知識傳承不絕版，目前已開闢以下書系：

一、BOD 學術著作—專業論述的閱讀延伸
二、BOD 個人著作—分享生命的心路歷程
三、BOD 旅遊著作—個人深度旅遊文學創作
四、BOD 大陸學者—大陸專業學者學術出版
五、POD 獨家經銷—數位產製的代發行書籍

BOD 秀威網路書店：www.showwe.com.tw
政府出版品網路書店：www.govbooks.com.tw

永不絕版的故事・自己寫・永不休止的音符・自己唱